A arte da opinião: Escreva suas ideias com clareza

Sumário:

Introdução

Bem-vindo ao curso "A arte da opinião: Escreva suas ideias com clareza"!

Este livro foi criado para servir como um guia completo e detalhado para quem deseja aprimorar suas habilidades na escrita de artigos de opinião, seja para fins acadêmicos, profissionais ou pessoais.

Os artigos de opinião desempenham um papel crucial na mídia e na sociedade moderna. Eles têm o poder de influenciar a opinião pública, fomentar debates, provocar reflexões e até mesmo moldar políticas. A capacidade de escrever um artigo de opinião eficaz é uma habilidade valiosa para qualquer pessoa que deseja compartilhar suas perspectivas e contribuir para discussões significativas.

Este curso é dividido em sete módulos, cada um focado em diferentes aspectos da escrita de artigos de opinião:

Cada módulo é acompanhado de exercícios práticos que visam consolidar os conhecimentos adquiridos e ajudar você a desenvolver suas habilidades de forma progressiva e prática. Além disso, oferecemos recursos adicionais e sugestões de leitura para aprofundar ainda mais seus conhecimentos.

É adequado para estudantes de graduação e pós-graduação, profissionais de diversas áreas e qualquer pessoa interessada em aperfeiçoar sua escrita de artigos de opinião. Não importa se você está começando agora ou já tem alguma experiência; este curso foi projetado para ser acessível e útil para todos os níveis de habilidade.

Esperamos que este material lhe forneça as ferramentas e o conhecimento necessários para se tornar um escritor de artigos de opinião confiante e eficaz. A escrita é uma jornada contínua de aprendizado e crescimento, e estamos entusiasmados por você ter escolhido embarcar nesta jornada conosco.

Boa leitura e boas escritas!

Módulo 1: Introdução ao Artigo de Opinião

Neste módulo, você será introduzido ao mundo dos artigos de opinião, compreendendo suas características, importância e distinções em relação a outros tipos de textos argumentativos.

Os artigos de opinião são uma forma poderosa de expressão escrita, permitindo que os autores compartilhem suas perspectivas sobre temas variados, influenciam a opinião pública e fomentam debates significativos. Eles são frequentemente encontrados em jornais, revistas, blogs e outras plataformas de mídia, desempenhando um papel crucial na formação de uma sociedade informada e participativa.

Neste módulo, abordaremos os seguintes tópicos:

1. O que é um Artigo de Opinião?
   - Definição e características principais dos artigos de opinião.
   - Diferenças entre artigo de opinião e outros tipos de textos argumentativos, como editoriais, ensaios e resenhas.
2. Importância do Artigo de Opinião
   - O papel dos artigos de opinião na mídia e na sociedade.
   - Exemplos de artigos de opinião que tiveram um impacto significativo e promoveram mudanças.

Além disso, incluímos exercícios práticos para ajudar você a identificar e analisar diferentes tipos de textos argumentativos e a entender o impacto real que os artigos de opinião podem ter. Esses exercícios são projetados para desenvolver suas habilidades analíticas e críticas, fundamentais para a escrita eficaz de artigos de opinião.

Ao final deste módulo, você terá uma compreensão sólida sobre o que constitui um artigo de opinião e por que ele é uma ferramenta valiosa para a comunicação e a persuasão. Você estará preparado para avançar para os módulos seguintes, onde aprenderá a estruturar e escrever seus próprios artigos de opinião.

Aula 1: O que é um Artigo de Opinião?

Um artigo de opinião é um texto argumentativo onde o autor expressa suas opiniões sobre um tema específico ao refletir sobre o mesmo. É baseado em argumentos e evidências para persuadir o leitor. Neste tipo de texto predomina a subjetividade, o modo de ser do autor, sua visão de mundo, o seu modo de agir e pensar. Geralmente um artigo de opinião é publicado em jornais, revistas ou blogs.

Diferenças entre artigo de opinião e outros tipos de textos argumentativos:
- Artigo de Opinião: Expressa claramente a opinião do autor e usa argumentos e evidências para apoiar essa opinião.

- Editorial: Representa a opinião do corpo editorial de uma publicação.

- Ensaios: Mais longos e exploram um tema de maneira mais profunda e abrangente.

- Resenhas: Avaliam e comentam sobre obras específicas, como livros ou filmes, mas também podem incluir opiniões.

Exercício Prático:

- Identificação de Artigos de Opinião: Fornecemos abaixo 4 textos elaborados pelo chat GPT de diferentes gêneros (editoriais, ensaios, resenhas, e artigos de opinião). Leia-os e tente identificar qual deles é um artigo de opinião e justifique sua escolha com base nas características aprendidas.

Texto 1 "O Enigma do Tempo"

"O Enigma do Tempo" é uma obra-prima contemporânea que desafia a percepção do público sobre a passagem do tempo e a interconexão dos destinos. Dirigido por Anna Martins, o filme estreou em 2024 e rapidamente se tornou um favorito entre os críticos.

O enredo segue a história de Alice, interpretada por Laura Campos, uma jovem cientista que descobre uma maneira de viajar no tempo. Ao tentar corrigir um erro trágico do passado, ela se depara com consequências inesperadas que colocam em risco não apenas sua vida, mas o futuro de toda a humanidade.

O roteiro, escrito por João Silva, é brilhante ao tecer uma narrativa complexa e emocionalmente envolvente. Cada cena é meticulosamente planejada, mantendo o público na ponta da cadeira com reviravoltas surpreendentes e momentos de profunda introspecção. A atuação de Laura Campos é excepcional, trazendo uma profundidade emocional que torna a jornada de Alice tanto crível quanto comovente.

A trilha sonora, composta por Pedro Santos, complementa perfeitamente a atmosfera do filme, com melodias que oscilam entre a melancolia e a tensão, reforçando o impacto emocional das cenas.

Visualmente, "O Enigma do Tempo" é um deleite. A cinematografia de Maria Costa utiliza ângulos criativos e efeitos especiais de ponta para criar uma sensação verdadeiramente imersiva de viagem no tempo.

Em suma, "O Enigma do Tempo" é um filme que não apenas entretém, mas também faz o público refletir sobre suas próprias escolhas e a inevitabilidade do destino. É uma experiência cinematográfica que ficará na memória por muito tempo.

Fonte: Chat GPT

Texto 2 "O Futuro das Políticas Públicas em Limeira"

Nas últimas décadas, Limeira tem se destacado como uma cidade em constante desenvolvimento, buscando soluções inovadoras para os desafios urbanos. No entanto, com o crescimento populacional e as demandas crescentes por serviços públicos de qualidade, é imperativo que a administração municipal reavalie e fortaleça suas políticas públicas.

Um dos pilares dessa transformação deve ser a educação. Embora Limeira tenha feito progressos notáveis na infraestrutura escolar, a qualidade do ensino ainda precisa de atenção. Investir na capacitação dos professores e na modernização das escolas é essencial para preparar as futuras gerações para os desafios de um mercado de trabalho cada vez mais competitivo e tecnológico.

Além disso, a saúde pública é uma área que exige uma abordagem mais integrada e eficiente. A pandemia de COVID-19 ressalta a importância de um sistema de saúde robusto e bem estruturado. A ampliação das unidades de atendimento, a modernização dos equipamentos e a valorização dos profissionais de saúde são passos fundamentais para garantir um atendimento digno e eficaz à população.

O transporte público também deve ser uma prioridade. Com o aumento do trânsito e a necessidade de reduzir as emissões de carbono, Limeira precisa investir em um sistema de transporte público mais eficiente e sustentável. Projetos como a expansão das ciclovias, a melhoria da malha viária e a implementação de ônibus elétricos podem transformar a mobilidade urbana, tornando-a mais acessível e menos poluente.

Por fim, a segurança pública não pode ser negligenciada. A integração das forças de segurança, o uso de tecnologias de monitoramento e a implementação de programas de prevenção ao crime são essenciais para garantir a tranquilidade dos moradores.

Em suma, as políticas públicas de Limeira devem ser pautadas por uma visão de futuro, que contemple o desenvolvimento sustentável, a inclusão social e a melhoria contínua dos serviços prestados à população. Somente assim poderemos construir uma cidade mais justa, próspera e preparada para os desafios do século XXI.

Fonte: Chat GPT

Texto 3 "A Tecnologia na Atualidade e seu Impacto na Sociedade"

A tecnologia, nas últimas décadas, tem sido um dos principais motores de transformação da sociedade. Desde a revolução digital, iniciada na segunda metade do século XX, até a atual era da inteligência artificial e da internet das coisas, as inovações tecnológicas têm moldado todos os aspectos da vida humana, trazendo benefícios imensuráveis, mas também desafios consideráveis.

Um dos impactos mais visíveis da tecnologia está na comunicação. A ascensão das redes sociais e dos aplicativos de mensagens instantâneas transformou a forma como as pessoas interagem. As barreiras geográficas foram praticamente eliminadas, permitindo conexões instantâneas entre indivíduos de diferentes partes do mundo. No entanto, essa hiper conectividade também trouxe à tona questões como a privacidade, a disseminação de fake News e a superficialidade das relações interpessoais.

Na economia, a tecnologia tem sido uma força disruptiva. Setores inteiros foram remodelados pela automação e pela digitalização. As empresas de tecnologia, muitas vezes denominadas "Big Tech", não apenas dominam o mercado, mas também influenciam políticas públicas e sociais. A economia digital abriu novas oportunidades de trabalho, especialmente no campo do desenvolvimento de software e da análise de dados, mas também suscitou preocupações sobre a desigualdade econômica e a precarização do trabalho.

A educação é outro campo profundamente impactado pela tecnologia. O acesso a vastos recursos educacionais online democratizou o aprendizado, tornando-o acessível a um público mais amplo. Plataformas de e-learning, MOOCs (Massive Open Online Courses) e ferramentas de colaboração digitais revolucionaram a forma como o conhecimento é disseminado. Contudo, a dependência crescente da tecnologia também levanta questões sobre a qualidade do aprendizado e a inclusão digital, especialmente em regiões menos desenvolvidas.

Além disso, a tecnologia está na vanguarda das inovações na saúde. Desde a telemedicina até a biotecnologia avançada, as inovações tecnológicas têm potencial para melhorar significativamente a qualidade de vida. No entanto, o acesso desigual a essas inovações pode exacerbar as disparidades existentes na saúde global.

Em conclusão, a tecnologia na atualidade é uma força poderosa com o potencial de transformar a sociedade de maneiras profundas e variadas. Para maximizar seus benefícios e minimizar seus riscos, é crucial que a sociedade adote uma abordagem equilibrada, que considere não apenas o avanço tecnológico, mas também as implicações éticas, sociais e econômicas de seu uso. Somente assim poderemos garantir que a tecnologia sirva como um instrumento de progresso e inclusão para todos.

Fonte: Chat GPT

Texto 4 "O Uso da Inteligência Artificial na Escrita Acadêmica: Um Novo Paradigma ou Uma Ameaça à Autenticidade?"

A revolução digital trouxe consigo um avanço sem precedentes na área da inteligência artificial (IA), impactando diversas esferas da sociedade, incluindo a escrita acadêmica. O uso de IA para auxiliar na redação de artigos, teses e dissertações está se tornando cada vez mais comum, levantando questões sobre a autenticidade e a integridade acadêmica.

De um lado, defensores argumentam que a IA pode ser uma ferramenta poderosa para aprimorar a qualidade da escrita acadêmica. Algoritmos avançados são capazes de revisar textos, corrigir erros gramaticais, sugerir melhorias estilísticas e até mesmo auxiliar na estruturação de argumentos complexos. Para estudantes e pesquisadores que não possuem o domínio completo da linguagem acadêmica, a IA pode representar uma oportunidade de nivelamento, proporcionando textos mais claros e coerentes.

Além disso, a IA pode acelerar o processo de pesquisa, analisando grandes volumes de dados e identificando padrões que seriam praticamente impossíveis de detectar manualmente. Ferramentas de IA como o Chat GPT, por exemplo, podem gerar rascunhos preliminares de textos, auxiliando na organização das ideias e na formulação de hipóteses. Este uso eficiente do tempo pode permitir que os pesquisadores se concentrem em aspectos mais críticos e criativos de seus trabalhos.

Por outro lado, há uma crescente preocupação de que a dependência excessiva da IA possa comprometer a autenticidade da escrita acadêmica. A originalidade e a voz própria são componentes essenciais da pesquisa acadêmica, e há o risco de que o uso da IA resulte em trabalhos uniformizados e sem personalidade. Além disso, a facilidade proporcionada pela IA pode levar a um descompromisso com o rigor acadêmico, onde estudantes e pesquisadores confiam cegamente nas sugestões de algoritmos sem a devida reflexão crítica.

A integridade acadêmica é outra questão premente. Com a IA sendo capaz de gerar textos coerentes a partir de poucas instruções, há o risco de plágio e da produção de trabalhos que não refletem o verdadeiro esforço intelectual do autor. Instituições de ensino e publicações científicas precisam desenvolver políticas claras e robustas para regulamentar o uso da IA garantindo que ela seja utilizada como uma ferramenta de suporte e não como um substituto para o pensamento crítico e a criatividade humana.

Em suma, o uso da inteligência artificial na escrita acadêmica representa um novo paradigma, repleto de oportunidades e desafios. Cabe à comunidade acadêmica encontrar um equilíbrio, onde a IA seja utilizada para potencializar as capacidades humanas sem comprometer a autenticidade e a integridade da pesquisa. Apenas com um uso consciente e ético da tecnologia poderemos colher os frutos dessa revolução digital sem perder de vista os valores fundamentais da academia.

Fonte: Chat GPT

Após a sua reflexão confira as informações abaixo sobre cada tipo de texto e as características que os diferenciam:

Texto 1 Resenha de Filme

Propósito: Avaliar e comentar uma obra cinematográfica, destacando seus pontos fortes e fracos.
Estrutura:
- Introdução: Apresentação do filme e contexto.
- Desenvolvimento: Análise detalhada dos aspectos técnicos (direção, roteiro, atuação, trilha sonora, cinematográfica).
- Conclusão: Opinião final sobre o filme e recomendação.

Características:

- Descritivo e avaliativo.

- Linguagem crítica e objetiva.

- Uso de exemplos específicos do filme.

- Opinião pessoal fundamentada.

Texto 2 Editorial sobre Políticas Públicas

Propósito: Apresentar a opinião do veículo de comunicação sobre um tema de interesse público.

Estrutura:

- Introdução: Contextualização do tema e apresentação do ponto de vista.

- Desenvolvimento: Argumentação detalhada, apresentando dados e fatos para sustentar a opinião.

- Conclusão: Reforço da posição e chamada à ação.

Características:

- Persuasivo e argumentativo.

- Linguagem formal e impessoal.

- Foco em temas atuais e relevantes para a sociedade.

- Posição clara e bem fundamentada.

Texto 3 Ensaio sobre Tecnologia na Atualidade

Propósito: Explorar e refletir sobre um tema, apresentando uma análise crítica e aprofundada.

Estrutura:

- Introdução: Apresentação do tema e questão central.

- Desenvolvimento: Discussão e análise dos diferentes aspectos do tema.

- Conclusão: Síntese das reflexões e considerações finais.

Características:

- Reflexivo e analítico.

- Linguagem formal e sofisticada.

- Exploração profunda do tema, com múltiplas perspectivas.

- Uso de exemplos e referências teóricas.

Texto 4 Artigo de Opinião sobre Uso da Inteligência Artificial na Escrita Acadêmica

Propósito: Expressar uma opinião pessoal sobre um tema específico, buscando persuadir o leitor.

Estrutura:

- Introdução: Apresentação do tema e opinião principal.

- Desenvolvimento: Argumentação, apresentando pontos favoráveis e contrários.

- Conclusão: Reforço da opinião e sugestão de soluções ou reflexões.

Características:

- Persuasivo e pessoal.

- Linguagem formal, mas com um tom mais pessoal.

- Argumentos claros e bem estruturados.

- Posição pessoal bem definida e justificada.

Essas características ajudam a definir a finalidade e a abordagem de cada tipo de texto, adaptando a linguagem e a estrutura conforme o objetivo de comunicação.

Aula 2: Importância do Artigo de Opinião

Papel na mídia e na sociedade:

Os artigos de opinião ajudam a fomentar debates e discussões públicas. Permitem que indivíduos expressem suas perspectivas sobre questões atuais e relevantes. Influenciam a opinião pública e podem moldar políticas e decisões sociais. É uma forma do indivíduo participar do jogo social em condições de colaborar para sua transformação.

Exemplos de impacto real de artigos de opinião:

Discussão de casos em que artigos de opinião influenciaram mudanças significativas na sociedade (por exemplo, artigos que levantam discussões importantes sobre justiça social, políticas públicas, etc.).

Exercício Prático:

- Análise de Impacto: Pesquise alguns exemplos de artigos de opinião que causaram impacto significativo na sociedade. Analise como esses artigos influenciaram mudanças na sociedade ou em uma comunidade específica. Escreva um relatório curto destacando os pontos principais dessa análise.

Exemplo de Artigos de Impacto:

1. Artigo de opinião sobre a mudança climática que resultou em maior conscientização e ações comunitárias.

2. Opinião publicada sobre a necessidade de reforma educacional que levou a debates legislativos.

3. Artigo criticando políticas de saúde pública que influenciaram revisões políticas.

Feedback e Discussão:

Muitas vezes um artigo de opinião escrito por um especialista sobre um tema relevante e atual de forma bem estruturada fundamentado em argumentos sólidos e bem construídos podem causar impactos importantes na opinião pública e das autoridades na área do tema abordado, o que pode acarretar mudanças significativas a partir das reflexões propostas pelo autor.

Atividade Complementar:

Análise de textos:

A seguir há alguns exemplos de artigos de opinião de minha autoria publicados recentemente num jornal local, leia-os e explique se há e qual é a relevância deles para a educação.

TANIA AMARAL
PROFESSORA DOUTORA

Tia não, sr. prefeito. Professora!

Na última semana, em uma entrevista de rádio, o Exmo Sr. prefeito João Rodrigues, da cidade de Chapecó, proferiu um lamentável discurso sobre a reavaliação das políticas públicas de educação em sua gestão no município. Dizendo, entre outros disparates, que: "Numa creche você não precisa ter um professor pós-graduado, nem tem que ter ... na creche tu tem que ter um cuidador".

Essa entrevista repercutiu nas redes sociais e causou a indignação total dos educadores e de todos aqueles que prezam por uma educação de qualidade para as nossas crianças.

Diante de tal declaração, nós gestores e professores de educação infantil, nos sentimos completamente desrespeitados, e não podemos nos calar.

Quem dera pudéssemos acreditar que sua opinião desavisada de política pública para a educação infantil, se baseia apenas no total desconhecimento das leis que regem a educação brasileira e da luta de nossa categoria pelo reconhecimento da creche como instituição educacional.

Ficamos muito indignados mesmo porque sabemos que, a bem da verdade, o discurso proferido pelo prefeito de Chapecó reflete as convicções de muitos dos governantes de diversos municípios e estados brasileiros, que não proferem, mas acreditam que a educação infantil não merece ser levada a sério.

E aqui nos cabe uma metáfora para provocar a reflexão: descuidar da primeira etapa da educação básica, é como contratar um profissional qualquer, um leigo para erguer a fundação de um edifício acreditando que, mais tarde, um renomado engenheiro poderá construir algo imponente e sólido sobre uma base frágil e mal edificada. A educação infantil, primeira etapa da educação básica, é a fundação na qual os educadores das etapas subsequentes poderão edificar, portanto, essa base deve ser sólida e bem fundamentada.

Lutamos por uma educação de qualidade para a primeira infância, e isso só se conquista com profissionais capacitados, reconhecidos e valorizados. Professores de creche devem sim se especializar, buscar aperfeiçoamento profissional para educar nossas crianças. A sociedade agradece e todos ganham.

Nesse contexto a frase de Paulo Freire nunca fez tanto sentido e nunca foi tão apropriada:

• Tia não, professora!

Tania Amaral
Diretora da rede Municipal de Educação em Paulínia/SP
Mestre em Educação Especial

TANIA AMARAL
PROFESSORA DOUTORA

Surdo sem intérprete é como um estrangeiro em sua própria pátria

Você já viajou para outro país cujo idioma você não fala nem entende? Já se imaginou, nesse lugar, onde você precisa se comunicar mas não é compreendido?

Imagine a pessoa surda, que todos os dias precisa conviver, interagir, trabalhar, aprender, e tudo o mais, num lugar onde ninguém entende sua língua?

Sim, porque os surdos têm uma língua, a Língua Brasileira de Sinais - LIBRAS que, embora poucos saibam, é uma língua oficial, com regras e estrutura própria.

Ela se constitui como o meio de expressão das comunidades surdas brasileiras. Eles se comunicam através dela, por isso não é correto usar o termo surdo-mudo, pois os surdos têm voz, ainda que na modalidade visuoespacial, se comunicam, se expressam, interagem através de sua língua.

Agora imagine estar no seu próprio país, com sua língua oficialmente reconhecida, mas ainda assim, ser como um estrangeiro, porque poucos a compreendem.

Em 2002 foi promulgada a Lei 10.436 que reconhece legalmente a LIBRAS como meio de comunicação e expressão dessas comunidades, porém ainda há alguns direitos da pessoa surda, garantidos por lei, que muitos desconhecem e descumprem.

Essas pessoas têm direito de acessibilidade à informação, à educação, à saúde, direito à igualdade de oportunidades de acesso à cultura, esporte, turismo e lazer.

Direito à intérprete de LIBRAS em vários desses serviços, inclusive nas aulas de habilitação para a CNH (carteira de motorista), mas ainda assim, muitas vezes, esses direitos são negados.

Em termos legais o Brasil já avançou, mas infelizmente, na prática, a barreira da comunicação para os surdos ainda impede seu pleno direito ao exercício da cidadania.

Tania Amaral
Diretora da rede Municipal de Educação em Paulínia/SP
Mestre em Educação Especial
Doutoranda em Formação de professores

Porque Portugal aboliu o termo "Educação Especial" dos cu rrículos

Portugal é um dos países com maior índice de inclusão escolar de pessoas com deficiência na Europa. No entanto, em 2018, o governo português baixou o Decreto-lei 54/2018 que exclui o termo "necessidade educativa especial" e em seu lugar institui que, todo e qualquer estudante com dificuldade de aprendizagem possui algum tipo de 'necessidade educacional', independente de sua causa.

Não se trata apenas de uma mudança de nomenclatura, mas de paradigmas.

Isso significa que a deficiência em si, não é fator determinante do sucesso ou fracasso desses estudantes. Significa que um laudo médico não representa a palavra final sobre as potencialidades dessas pessoas, A deficiência não pode se sobrepor ao sujeito. O grau de dificuldade que ele possui é o que vai determinar quais recursos e intervenções pedagógicas o professor vai usar para que ele aprenda.

Integração não é inclusão e, assim como Portugal, precisamos rever os paradigmas da inclusão nas práticas escolares brasileiras.

O primeiro passo é que essas crianças estejam na escola sim, que possam conviver, interagir, mas isso não basta, precisamos ir além, precisamos preparar nossos professores e todos os profissionais da educação para receberem e acolherem essas crianças com toda a sua diversidade. É desafiador, sim, mas o que esses estudantes realmente precisam é se sentirem acolhidos, respeitados em seus direitos, serem vistos como pessoas, para além da deficiência.

A escola precisa ser o lugar desse acolhimento, desse respeito, da dignidade para todos e principalmente da equidade.

Tania Amaral é Mestre em Educação Especial pela Universidade Fernando Pessoa em Portugal; Doutoranda em formação de professores pela Universidad de Extremadura na Espanha e Diretora da Rede Municipal de Paulínia e Professora em redes públicas brasileiras há 28 anos. Tania é autora do livro Transição para a vida pós escolar de alunos com NEE em Limeira/SP - Possibilidades e desafios.

Solidariedade também se aprende na escola

A aprendizagem solidária é uma metodologia muito conhecida em vários países do mundo, no Brasil, ainda é pouco divulgada, mas igualmente importante.

Apesar de desconhecerem o termo, muitos professores já utilizam essa metodologia sem se darem conta disso, pois se trata de um tipo de metodologia ativa mais conhecida como pedagogia baseada em projetos, neste caso, solidários.

Os 3 eixos fundamentais de um projeto solidário são: protagonismo, aprendizagem e solidariedade.

A proposta é desenvolver projetos solidários a partir de demandas diagnosticadas em comunidades locais. Os estudantes são os principais protagonistas desses projetos utilizando as aprendizagens desenvolvidas no currículo para solucionar problemas reais e assim ajudar a tornar o mundo um lugar melhor, mais justo e solidário.

Os beneficiários das ações solidárias não são apenas receptores passivos, mas participam ativamente dos projetos contribuindo com atividades e conhecimentos, desse modo todos os envolvidos ensinam e aprendem algo valioso uns com os outros, num movimento chamado solidariedade horizontal. Desse modo as aprendizagens desenvolvidas na escola tornam-se muito mais significativas e os estudantes aprendem a exercer a cidadania na prática, o que contribui e muito para desenvolver suas potencialidades, senso crítico e o altruísmo.

Nunca foi tão necessário ensinar valores como empatia, respeito e solidariedade como nos dias atuais e esses valores podem sim serem aprendidos na escola, basta que todos os envolvidos estejam dispostos a trabalharem juntos para transformar realidades, pois esse é o verdadeiro potencial da educação.

Tânia Amaral é Mestre em Educação Especial pela Universidade Fernando Pessoa em Portugal; Doutoranda em formação de professores pela Universidad de Extremadura na Espanha e Diretora da Rede Municipal de Paulínia e Professora em redes públicas brasileiras há 28 anos. Tania é autora do livro Transição para a vida pós escolar de alunos com NEE em Limeira/SP - Possibilidades e desafios.

Módulo 2: Estrutura de um Artigo de Opinião

Neste módulo, vamos nos aprofundar na estrutura fundamental de um artigo de opinião. Compreender a estrutura é essencial para organizar suas ideias de forma clara e persuasiva, garantindo que seu argumento seja apresentado de maneira lógica e impactante.

A estrutura de um artigo de opinião é a espinha dorsal que sustenta suas ideias e argumentos. Sem uma estrutura bem definida, suas opiniões podem se perder no texto, dificultando a compreensão e a persuasão do leitor. Neste módulo, exploraremos cada componente essencial de um artigo de opinião e forneceremos orientações práticas para desenvolver cada parte.

Os principais tópicos abordados neste módulo incluem:

1. Título:
   - A importância de um título cativante.
   - Dicas para criar títulos que chamem a atenção e resumem a essência do artigo.

2. Introdução:
   - Como apresentar o tema de maneira envolvente.

- Técnicas para criar um gancho inicial que prenda a atenção do leitor.

3. Desenvolvimento:
   - Estruturação dos argumentos principais.
   - Uso de evidências e exemplos para fortalecer seus pontos de vista.

4. Conclusão:
   - Reafirmação da opinião apresentada.
   - Como fazer uma chamada à ação ou deixar uma reflexão final para o leitor.

Cada seção é crucial para o sucesso de um artigo de opinião. Um título bem escolhido atrai o leitor, enquanto uma introdução forte estabelece o contexto e o interesse. O desenvolvimento organiza seus argumentos de maneira lógica e convincente, e a conclusão reforça sua mensagem, deixando uma impressão duradoura.

Para complementar a teoria, incluímos exercícios práticos que ajudarão você a aplicar os conceitos discutidos em situações reais de escrita. Esses exercícios são projetados para aprimorar suas habilidades em criar títulos, introduções, desenvolvimentos e conclusões eficazes.

Ao final deste módulo, você terá uma compreensão sólida sobre como estruturar um artigo de opinião de maneira eficaz, permitindo que suas ideias sejam comunicadas de forma clara e persuasiva. Você estará preparado para avançar para os módulos seguintes, onde exploraremos técnicas de escrita e estilo para tornar seus artigos ainda mais impactantes.

Vamos começar a construir a estrutura perfeita para os seus artigos de opinião!

Aula 1: Título

Importância de um título cativante:

- O título é a primeira coisa que o leitor vê e deve ser atraente para capturar a atenção.

- Deve resumir a essência do artigo de forma concisa e interessante.

Dicas para criar um título atraente:

1. Use palavras-chave relevantes para o tema.

2. Seja claro e direto, evitando ambiguidades.

3. Crie curiosidade ou interesse no leitor.

4. Evite títulos muito longos ou complexos.

Exercício Prático:

- Criação de Títulos: Abaixo há uma lista de temas para que você escolha e crie títulos cativantes para artigos de opinião sobre eles. Depois, escolha o que mais gostou para utilizar nos exercícios práticos das próximas aulas.

Exemplos de Temas:

1. Mudança Climática
2. Educação à Distância
3. Saúde Mental
4. Inteligência Artificial
5. Redes Sociais e Privacidade
6. Desigualdade Econômica
7. Alimentação Saudável
8. Tecnologia e Empregos
9. Benefícios do Exercício Físico Regular
10. Impacto da Globalização
11. Importância da Educação Infantil
12. Uso de Energias Renováveis
13. Necessidade de Reforma no Sistema de Saúde
14. Papel das Artes na Educação
15. Importância da Conservação Ambiental
16. Influência da Mídia na Sociedade

Aula 2: Introdução

Apresentação do tema:

- A introdução deve apresentar o tema de forma clara e envolvente.

- Deve incluir informações básicas e contexto necessário para entender o assunto.

Gancho inicial para prender a atenção do leitor:

- Comece com uma anedota, uma citação, uma pergunta provocativa ou uma estatística impactante.

Exercício Prático:

- Escrita de Introdução: A partir do título que você criou na aula passada escreva uma introdução para um artigo de opinião sobre o tema. Você deve focar em criar um gancho inicial eficaz e apresentar o tema claramente. Em seguida, revise sua introdução.

Aula 3: Desenvolvimento

Argumentos principais:

- O desenvolvimento deve incluir os argumentos principais que sustentam a opinião do autor.

- Cada argumento deve ser apresentado de forma lógica e coesa.

Uso de evidências e exemplos:

- Suporte seus argumentos com dados, pesquisas, citações e exemplos concretos.
- Certifique-se de que as evidências sejam relevantes e convincentes.

Exercício Prático:

- Desenvolvimento de Argumentos: Dê continuidade ao texto que você iniciou na aula passada e desenvolva três argumentos principais com evidências para sustentar sua opinião. Depois, revise os argumentos focando na coesão e na eficácia das evidências apresentadas.

Aula 4: Conclusão

Reafirmação da opinião:
- A conclusão deve reiterar a posição do autor de forma clara e convincente.
- Deve resumir os principais argumentos apresentados no desenvolvimento.

Chamada à ação ou reflexão final:
- Encoraje o leitor a agir ou refletir sobre o tema.
- Pode incluir sugestões de ações práticas, perguntas para reflexão ou uma visão para o futuro.

Exercício Prático:

- Escrita de Conclusão: Escreva a conclusão do seu artigo, focando na reafirmação da opinião e na criação de uma chamada à ação ou reflexão final. Depois, revise e faça as correções necessárias.

2. Análise de Exemplo:

Apresentamos abaixo um exemplo de artigo de opinião com uma estrutura mais completa, que os exemplos anteriores, destaque os elementos que tornam esse texto mais eficaz.

OS FILHOS DA PANDEMIA CHEGAM ÀS CRECHES

Este ano, as crianças nascidas durante a pandemia chegaram às creches tendo seu primeiro convívio com outras crianças e adultos fora do círculo familiar. A partir da observação dessas crianças, nós profissionais da educação infantil, podemos constatar os déficits de aprendizagem e comportamento causados pela pandemia.

Sem dúvida o desenvolvimento das crianças que nasceram no período de isolamento social constitui um sério desafio, tendo em vista a importância primordial das interações, jogos e brincadeiras na aquisição de competências e aprendizagens nesta etapa tão importante da educação básica.

3 dificuldades mais comuns geradas pela pandemia

1- Fala restrita ou incompreensível. Quando há pouca interação, o vocabulário torna-se restrito.

Curiosamente recebemos crianças que, ao ficarem expostas às telas, repetem palavras em inglês, mas falam muito pouco a nossa língua.

2- Desfralde tardio. O desfralde é um processo que demanda tempo, paciência e atenção à criança.

Apesar de estarem em casa, fisicamente presentes, muitos pais trabalhavam de forma intensa em home-office, o que por vezes, pode ter atrapalhado ou inviabilizado o desfralde no momento propício.

3- Falta de interação com outras crianças- Mesmo estando juntas, no mesmo ambiente essas crianças brincam sozinhas.

Os aspectos mais importantes da aprendizagem é o brincar e o interagir, portanto, brincar junto é mais enriquecedor e traz mais aprendizagens do que brincar sozinho.

É comum crianças pequenas terem dificuldade em compartilhar brinquedos, mas logo que começam a interagir, costumam gostar de brincar juntas. Notamos que essas crianças brincam de modo individual, cada qual com um brinquedo, como se estivessem num mundo à parte.

Vygotsky concluiu que as interações são muito importantes para o desenvolvimento integral das crianças, pois elas aprendem interagindo. O fato de serem privadas do convívio com outras crianças, enquanto os pais tentavam sobreviver à pandemia e suas restrições, constitui fator agravante desses atrasos.

O que fazer para reverter esse quadro?

1- Ofereça oportunidades de convívio com outras crianças, ampliando assim suas interações sociais. Ouça com interesse o que a criança tem a dizer converse muito com ela.

2- Invista no desfralde com paciência e persistência, sem recriminações ou castigos, mas com incentivo e tolerância.

3- Passe um tempo de qualidade com seu filho. Trinta minutos de atenção exclusiva por dia costumam ser suficientes. Desligue o celular enquanto estiverem juntos brinque com ele.

4- Diminua o tempo de exposição às telas. Leve-a para passear ao ar livre. na praça, no parque, etc. O contato com a natureza é importante também para a saúde física e emocional dos pequenos

5- Se possível, matricule seu filho numa instituição de educação infantil.

As oportunidades de interações vão ajudá-lo a desenvolver muito suas habilidades.

Frequentar a creche é mais importante do que nunca

Aqui nos cabe a reflexão sobre a importância da escola, em especial, da creche para favorecer o desenvolvimento cognitivo e motor das crianças pequenas.

Em nenhum outro tempo a creche se fez tão importante quanto hoje. O trabalho da creche, em parceria com as famílias, pode se configurar na solução possível para esse problema.

Mais paciência, mais tempo, mais interações e estímulos serão necessários, mas felizmente, as crianças aprendem muito rápido e com um pouco mais de investimento podemos reverter os prejuízos causados pela pandemia.

TANIA DO AMARAL GOMES - taniaamar@gmail.com Diretora de unidade escolar na rede Municipal de Paulínia/SP - Mestre em Educação Especial - Doutoranda em formação de professores

Módulo 3: Técnicas de Escrita e Estilo

Neste módulo, vamos explorar as técnicas de escrita e estilo que são essenciais para criar artigos de opinião claros, coesos e persuasivos.

A maneira como você escreve é tão importante quanto o que você escreve. O estilo de escrita pode fazer toda a diferença na eficácia de seu artigo de opinião, ajudando a engajar o leitor e a comunicar suas ideias de maneira poderosa. Técnicas de escrita bem aplicadas podem transformar um texto comum em uma peça persuasiva e memorável.

Os principais tópicos abordados neste módulo incluem:

1. Estilo de Escrita:

   - A importância da clareza e objetividade na comunicação.

   - Como evitar jargões e termos técnicos desnecessários.

   - Dicas para escrever frases curtas e diretas.

2. Uso de Recursos Retóricos:

   - A arte da retórica e sua importância na persuasão.

   - Exemplos de recursos retóricos (anáfora, antítese, metáfora, etc.).

   - Como e quando usar esses recursos para fortalecer sua argumentação.

3. Coesão e Coerência:

- Ligação entre os parágrafos e uso de conectores.

- Como garantir que cada parágrafo flua logicamente para o próximo.

- Técnicas para manter o fluxo de ideias e evitar saltos abruptos.

4. Originalidade e Criatividade:

- Desenvolvendo uma voz única e original na escrita.

- Estratégias para evitar clichês e lugares-comuns.

- Exercícios para encontrar e desenvolver seu próprio estilo de escrita.

Para complementar a teoria, incluímos exercícios práticos que ajudarão você a aplicar as técnicas discutidas em situações reais de escrita. Esses exercícios são projetados para aprimorar suas habilidades em clareza, coesão, e criatividade, garantindo que seus artigos de opinião sejam envolventes e eficazes.

Ao final deste módulo, você terá uma compreensão sólida sobre como aplicar técnicas de escrita e estilo para tornar seus artigos de opinião mais impactantes e persuasivos. Você estará preparado para avançar para os módulos seguintes, onde exploraremos como realizar uma pesquisa eficaz e planejar seus textos de maneira estratégica.

A intenção é aprimorar seu estilo de escrita e transformar suas ideias em artigos de opinião poderosos!

Estilo de Escrita

Linguagem clara e objetiva:

Importância da clareza na comunicação. Evite jargões e termos técnicos desnecessários. Use frases curtas e diretas.

Uso de recursos retóricos:

Retórica e persuasão. Exemplos de recursos retóricos (anáfora, antítese, metáfora etc.). Como e quando usar esses recursos para fortalecer a argumentação.

Coesão e Coerência

Ligação entre os parágrafos:

Uso de conectores e palavras de transição. Garanta que cada parágrafo flua logicamente para o próximo.

Manutenção do fluxo de ideias:

Estrutura lógica e organização das ideias. Evite saltos abruptos e mantenha a consistência ao longo do texto.

Originalidade e Criatividade

Desenvolvendo uma voz única:

Importância de uma perspectiva original. Exercícios para encontrar e desenvolver a própria voz na escrita.

Evitando clichês e lugares-comuns:

Identificação de clichês comuns. Estratégias para substituí-los por expressões mais originais.

Aula 1: Estilo de Escrita

Linguagem clara e objetiva:

- Importância da clareza na comunicação: Um artigo de opinião deve ser compreensível para o leitor médio. Evitar termos complexos ou jargões que possam dificultar a leitura.

- Como alcançar clareza:

- Use frases curtas e diretas.

- Evite o uso excessivo de adjetivos e advérbios.

- Prefira a voz ativa à passiva.

- Certifique-se de que cada parágrafo tenha uma ideia principal clara.

Uso de recursos retóricos:

- Definição e propósito da retórica: A retórica é a arte de persuadir através da linguagem. Usar figuras de linguagem e técnicas retóricas pode fortalecer seu argumento.

- Exemplos de recursos retóricos:

- Anáfora: É a repetição de uma mesma palavra ou expressão no início de versos ou frases sucessivas.

"Se você pensa que pode, você pode. Se você pensa que não pode, você não pode. Se você pensa que vai vencer, você vence. Se você pensa que vai perder, você perde."

- Antítese: Contraste de ideias em frases balanceadas, ou seja, é a aproximação de palavras ou ideias de sentido contrário.

"O amor é fogo que arde sem se ver, é ferida que dói e não se sente."

- Metáfora: Comparação implícita entre duas coisas diferentes, sem usar as palavras "como" ou "tal como".

 "Ele é um leão na defesa de seus direitos."

Exercício Prático:

- Revisão de Texto: O texto abaixo é um exemplo de texto confuso ou cheio de jargões. Revise-o, tornando-o mais claro e objetivo. Em seguida, verifique as mudanças feitas e como elas melhoraram a clareza do texto.

Texto Confuso e Cheio de Jargões:

A Intersecionalidade Pedagógica e as Metodologias Ativas na Heurística do Aprendizado

No âmbito da pedagogia contemporânea, a interseccionalidade entre os paradigmas educacionais e a sinergia dos agentes pedagógicos é imprescindível para a implementação de metodologias ativas que catalisam a heurística do aprendizado. A dicotomia entre ensino tradicional e ensino inovador suscita uma reflexão epistemológica sobre a eficácia dos modelos didáticos vigentes. Em consonância com a teoria da aprendizagem significativa de Ausubel, é imperativo que os discentes internalizem os conteúdos de forma a transcender a mera memorização mecânica, promovendo uma metacognição robusta que facilite a aplicabilidade dos saberes adquiridos em contextos diversificados.

Fonte: Chat GPT

Reescrita: Texto Claro e Acessível:

A Importância de Métodos de Ensino Ativos na Educação Moderna

Na educação moderna, é essencial que os diferentes métodos de ensino trabalhem juntos para melhorar a aprendizagem dos alunos. É importante usar métodos ativos que incentivem os alunos a pensarem de forma crítica e a realmente entender o que estão aprendendo, em vez de apenas decorar informações. A discussão sobre os métodos de ensino tradicionais versus os inovadores nos faz pensar sobre a eficácia das práticas atuais. Seguindo a teoria de aprendizagem significativa de Ausubel, os alunos devem entender profundamente o conteúdo para que possam aplicar esse conhecimento em diferentes situações do dia a dia.

Fonte: Chat GPT

Verifique as Correções Aplicadas:

1.Eliminação de Jargões: Substituição de termos técnicos e jargões (como "interseccionalidade", "paradigmas educacionais", "sinergia dos agentes pedagógicos", "heurística do aprendizado", "dicotomia", "reflexão epistemológica", "metacognição robusta") por palavras mais simples e acessíveis.

2.Clareza nas Ideias: Simplificação das frases complexas e longas em frases mais curtas e diretas.

3.Objetividade: Foco na mensagem principal sem se perder em detalhes excessivos ou termos acadêmicos desnecessários.

4.Coesão e Coerência: Melhoria da estrutura do texto para que as ideias fluam de forma lógica e coesa, facilitando a compreensão do leitor.

Técnicas Retóricas

As técnicas retóricas são estratégias utilizadas para persuadir ou convencer um público. Entre as mais conhecidas estão ethos, pathos e logos, que são conceitos desenvolvidos pelo filósofo grego Aristóteles. Cada uma dessas técnicas apela a um aspecto diferente da experiência humana: a credibilidade, as emoções e a lógica. Vamos explorá-las com mais detalhes e exemplos.

Ethos (Ética ou Credibilidade)

Conceito:
Ethos refere-se à credibilidade ou autoridade do orador ou escritor. Quando se utiliza ethos, a ideia é convencer o público de que quem está falando é confiável, respeitável e digno de ser ouvido.

Como usar:
- Estabelecer a própria credibilidade mencionando qualificações, experiência ou reputação.
- Demonstrar conhecimento sobre o assunto.
- Exibir comportamento ético e uma postura respeitável.

Exemplo:
- "Como médico com mais de 20 anos de experiência, posso assegurar que este tratamento é eficaz e seguro."

Pathos (Emoção)

Conceito:
Pathos é o apelo às emoções do público. Essa técnica visa evocar sentimentos que ajudarão a persuadir ou influenciar a audiência.

Como usar:
- Contar histórias emocionantes ou pessoais.
- Utilizar uma linguagem carregada de emoção.
- Apresentar cenários que despertem sentimentos como compaixão, medo, felicidade ou indignação.

Exemplo:
- "Imagine a dor de uma mãe que perde seu filho para uma doença que poderia ter sido prevenível. Precisamos agir agora para garantir que isso não aconteça com outras famílias."

Logos (Lógica)

Conceito:
Logos é o apelo à razão ou lógica. Utiliza-se a argumentação lógica, dados, fatos e evidências para convencer o público da validade de um argumento.

Como usar:

- Apresentar estatísticas, dados e pesquisas.

- Fazer uso de argumentos racionais e bem estruturados.

- Demonstrar causa e efeito de maneira clara e lógica.

Exemplo:

- "Estudos mostram que a implementação de políticas de reciclagem pode reduzir a quantidade de resíduos em aterros sanitários em até 50%. Portanto, é lógico que devemos adotar essas políticas em nossa cidade."

Resumo com Exemplos Integrados

- Ethos: "Como advogado especializado em direitos humanos, posso afirmar que essa lei violará liberdades civis fundamentais."
- Pathos: "Quando vejo crianças desabrigadas sofrendo nas ruas, sinto que precisamos fazer mais para ajudar os mais vulneráveis em nossa sociedade."
- Logos: "De acordo com o Instituto de Pesquisa Econômica Aplicada, a taxa de desemprego caiu 2% após a implementação do novo programa de formação profissional. Isso prova que a iniciativa está funcionando."

O uso eficaz de ethos, pathos e logos pode transformar um discurso ou texto persuasivo, tornando-o mais impactante e convincente. Entender quando e como usar cada uma dessas técnicas é crucial para qualquer orador ou escritor que deseja influenciar sua audiência de maneira eficaz.

Doe Sangue, Salve Vidas

Como médico com mais de 15 anos de experiência em emergências (ethos), posso afirmar que a doação de sangue é um ato simples que tem um impacto profundo. A cada dia, vejo pacientes cujas vidas dependem de transfusões imediatas. Sem doadores suficientes, muitas dessas vidas seriam tragicamente perdidas.

Imagine uma jovem mãe de dois filhos pequenos, envolvida em um acidente de carro. Ela precisa de uma transfusão urgente para sobreviver (pathos). Seus filhos estão esperando por ela em casa, contando os minutos até que ela volte segura. O sangue que você doa hoje pode ser o que salva a vida dela amanhã.

Além disso, estatísticas mostram que uma única doação de sangue pode salvar até três vidas. Segundo a Cruz Vermelha, se apenas 1% da população doasse regularmente, não haveria falta de sangue nos hospitais (logos). Isso demonstra claramente o enorme impacto que cada doador pode ter.

Exercício Prático:

Identificação de Ethos, Pathos e Logos

Leia o texto abaixo e em seguida responda às questões

Por que Devemos Proteger as Florestas Tropicais

Sou bióloga com especialização em ecologia e tenho dedicado os últimos 20 anos da minha carreira ao estudo das florestas tropicais (ethos). As florestas tropicais não são apenas belas paisagens; elas são o lar de milhares de espécies de plantas e animais, muitas das quais não existem em nenhum outro lugar do planeta. Cada vez que uma área dessas florestas é destruída, perdemos um pedaço insubstituível da nossa biodiversidade.

Pense nos majestosos jaguares que vagam pelas densas florestas e nos coloridos pássaros que cantam suas melodias únicas. Imagine que essas criaturas magníficas não têm mais onde viver porque suas casas foram destruídas para dar lugar a plantações de soja ou gado (pathos). É devastador pensar que nossos filhos e netos podem nunca ter a chance de ver essas espécies em seu habitat natural.

Dados mostram que as florestas tropicais produzem 20% do oxigênio do mundo e armazenam uma quantidade significativa de dióxido de carbono. Além disso, cerca de 25% dos medicamentos que usamos hoje vêm de plantas encontradas nessas florestas. Portanto, proteger as florestas tropicais não é apenas uma questão ambiental, mas também de saúde pública e economia (logos).

1. Ethos:

   - Qual parte do texto estabelece a credibilidade do autor? Cite a frase ou frases que demonstram essa técnica.

2. Pathos:

   - Encontre a parte do texto que apela às emoções do leitor. Qual trecho tenta provocar uma resposta emocional?

3. Logos:

- Identifique a seção do texto que usa fatos ou dados lógicos para apoiar o argumento. Quais informações são apresentadas para reforçar a lógica do argumento?

Respostas Esperadas:

1. Ethos:

- "Sou bióloga com especialização em ecologia e tenho dedicado os últimos 20 anos da minha carreira ao estudo das florestas tropicais."

2. Pathos:

- "Pense nos majestosos jaguares que vagam pelas densas florestas e nos coloridos pássaros que cantam suas melodias únicas. Imagine que essas criaturas magníficas não têm mais onde viver porque suas casas foram destruídas para dar lugar a plantações de soja ou gado."

3. Logos:

- "Dados mostram que as florestas tropicais produzem 20% do oxigênio do mundo e armazenam uma quantidade significativa de dióxido de carbono. Além disso, cerca de 25% dos medicamentos que usamos hoje vêm de plantas encontradas nessas florestas."

Esse exercício o ajudará a identificar e compreender as diferentes técnicas retóricas usadas para persuadir o público.

Aula 2: Coesão e Coerência

Ligação entre os parágrafos:
- Uso de conectores e palavras de transição: Conectores ajudam a guiar o leitor de uma ideia para outra, garantindo que o texto flua de maneira lógica.
- Exemplos de conectores: "além disso", "no entanto", "por outro lado", "portanto".
- Coerência interna: Cada parágrafo deve ser focado em um único ponto e contribuir para o argumento geral do artigo.

Manutenção do fluxo de ideias:
- Estrutura lógica e organização das ideias: As ideias devem ser apresentadas de maneira ordenada e lógica, de forma que o leitor possa seguir o raciocínio do autor sem dificuldades.

- Evitar saltos abruptos: Assegure que cada nova ideia ou argumento seja introduzido suavemente e esteja conectado ao que foi dito anteriormente.

Exercício Prático:

- Reorganização de Texto:

Leia os parágrafos abaixo que estão desorganizados. Sua tarefa é reorganizar esses parágrafos de forma a melhorar a coesão e a coerência do texto.

Texto Desorganizado:

1. No entanto, a implementação da educação ambiental nas escolas enfrenta vários desafios. Muitos professores não possuem a formação adequada e os recursos necessários para ensinar esse tema de maneira eficaz.

2. Por outro lado, há desafios que precisam ser superados. Muitos professores carecem de formação específica e as escolas frequentemente não dispõem de recursos suficientes para abordar o tema de forma aprofundada.

3. A educação ambiental é crucial para conscientizar as futuras gerações sobre a importância de preservar o meio ambiente. Ela deve ser integrada ao currículo escolar desde os primeiros anos de ensino.

4. Portanto, é necessário investir na formação de professores e na disponibilização de materiais didáticos adequados. Somente assim será possível garantir que a educação ambiental seja eficaz e significativa para os alunos.

5. Além disso, a educação ambiental não só aumenta o conhecimento dos alunos sobre questões ecológicas, mas também promove atitudes e comportamentos sustentáveis que são essenciais para o futuro do nosso planeta.

Fonte: Chat GPT

Tarefa:

Pense na melhor forma de introduzir o tema, desenvolver os argumentos e concluir a discussão. Escreva sua versão reorganizada e depois compare com a versão escrita abaixo:

Versão Reorganizada:

A educação ambiental é crucial para conscientizar as futuras gerações sobre a importância de preservar o meio ambiente. Ela deve ser integrada ao currículo escolar desde os primeiros anos de ensino. Além disso, a educação ambiental não só aumenta o conhecimento dos alunos sobre questões ecológicas, mas também promove atitudes e comportamentos sustentáveis que são essenciais para o futuro do nosso planeta.

No entanto, a implementação da educação ambiental nas escolas enfrenta vários desafios. Muitos professores não possuem a formação adequada e os recursos necessários para ensinar esse tema de maneira eficaz. Por outro lado, há desafios que precisam ser superados. Muitos professores carecem de formação específica e as escolas frequentemente não dispõem de recursos suficientes para abordar o tema de forma aprofundada.

Portanto, é necessário investir na formação de professores e na disponibilização de materiais didáticos adequados. Somente assim será possível garantir que a educação ambiental seja eficaz e significativa para os alunos.

Fonte: Chat GPT

Essa versão reorganiza o texto com a introdução sobre a importância da educação ambiental, a abordagem dos desafios enfrentados e finaliza com a conclusão sobre a necessidade de investimentos para superar esses desafios.

Reflexão:

1. Compare as diferentes versões.

2. Reflita sobre as escolhas feitas para reorganizar o texto:

   - Como você decidiu introduzir o tema?

   - Quais foram as justificativas para a ordem dos parágrafos?

   - Como sua versão aborda a transição entre os parágrafos?

   - Quais são os pontos fortes da sua versão em termos de coesão e coerência?

Esse exercício o ajudará a entender a importância da organização de ideias em um texto e como a estrutura pode afetar a clareza e o impacto da escrita.

Aula 3: Originalidade e Criatividade

Desenvolvendo uma voz única:

- Importância de uma perspectiva original: Um artigo de opinião deve refletir a voz única do autor, diferenciando-se de outros textos sobre o mesmo tema.

- Exercícios para encontrar e desenvolver a própria voz: escreva sobre temas que realmente o interessam e pratique regularmente para encontrar seu estilo pessoal.

Evitando clichês e lugares-comuns:
- Identificação de clichês comuns: Reconheça frases e expressões que são usadas em excesso e que podem tornar o texto previsível e pouco interessante.
- Estratégias para substituí-los por expressões mais originais: Use metáforas e descrições únicas que capturam a atenção do leitor.

Exemplos de Clichês a Evitar:
- "Chutar o balde"
- "A última gota d'água"
- "Matar dois coelhos com uma cajadada só"

Exercício Prático:

1. Análise de Exemplos:
- Leia os exemplos de artigos de opinião bem escritos, destacando elementos de estilo, coesão e criatividade. Analise o que torna esses textos eficazes.

Inteligência Artificial: O Futuro da Eficiência no Dia a Dia

Nos últimos anos, a inteligência artificial (IA) tem se tornado uma aliada indispensável em nossas rotinas diárias. Imagine acordar de manhã e ter seu café preparado exatamente como você gosta, sua agenda do dia organizada e atualizada, e seu trajeto para o trabalho otimizado para evitar o trânsito. Este é o poder da IA em ação.

A integração da IA em tarefas cotidianas nos permite economizar tempo e esforço, possibilitando que nos concentremos em atividades mais significativas e prazerosas. Assistentes virtuais como Alexa e Siri são exemplos claros de como a tecnologia pode simplificar nossa vida, desde tocar nossa música favorita até nos lembrar de compromissos importantes. Além disso, a IA está revolucionando a área da saúde, ajudando a diagnosticar doenças mais rapidamente e com maior precisão, o que pode salvar vidas.

Ademais, a IA pode contribuir para a sustentabilidade ambiental. Sistemas inteligentes de gerenciamento de energia, por exemplo, ajustam automaticamente o uso de eletricidade em nossas casas, reduzindo desperdícios e economizando recursos. Isso demonstra que a IA não só melhora nossa qualidade de vida, mas também pode ser uma ferramenta poderosa para enfrentar desafios globais.

Portanto, abraçar a inteligência artificial em nossas tarefas diárias não é apenas uma questão de conveniência, mas também de inovação e progresso. A IA está aqui para nos auxiliar, tornar nosso dia a dia mais eficiente e, quem sabe, permitir-nos viver de maneira mais equilibrada e sustentável.

Inteligência Artificial: A Ameaça à Nossa Autonomia Diária

A inteligência artificial (IA) tem invadido nossas vidas de maneiras que muitos de nós nunca imaginamos. Embora a promessa de eficiência e conveniência seja tentadora, há um lado obscuro nessa crescente dependência de máquinas inteligentes.

Primeiramente, confiar em IA para tarefas cotidianas pode levar à perda de habilidades essenciais. Quando deixamos que assistentes virtuais façam tudo por nós, desde gerenciar nossas agendas até fazer compras, corremos o risco de nos tornarmos excessivamente dependentes da tecnologia. Esse desuso das nossas capacidades pode resultar em uma sociedade menos competente e mais vulnerável a falhas tecnológicas.

Além disso, a IA levanta sérias preocupações sobre privacidade e segurança. Dispositivos inteligentes coletam uma quantidade enorme de dados sobre nossos hábitos e preferências. A gestão inadequada ou a violação desses dados pode expor informações pessoais sensíveis, colocando-nos em risco de fraudes e abusos. A ideia de que nossas vidas estão constantemente sendo monitoradas por algoritmos é perturbadora e compromete nossa liberdade.

Outro ponto crucial é o impacto no mercado de trabalho. À medida que a IA se torna mais prevalente, muitas tarefas e empregos tradicionais estão sendo substituídos por automação. Isso pode levar a um aumento significativo no desemprego e na desigualdade econômica, afetando negativamente milhões de trabalhadores ao redor do mundo.

Em resumo, enquanto a inteligência artificial oferece benefícios tentadores, devemos considerar seriamente as implicações negativas de sua adoção irrestrita em nossas vidas diárias. A preservação da nossa autonomia, privacidade e empregos deve ser prioridade, evitando que nos tornemos meros espectadores em um mundo dominado por máquinas.

Análise dos textos apresentados:

Texto 1 - Inteligência Artificial: O Futuro da Eficiência no Dia a Dia

Trata-se de um artigo de opinião a favor do uso da Inteligência Artificial nas tarefas do dia a dia

Características e Pontos Fortes:

1. Introdução Envolvente: O artigo começa com uma descrição vívida e positiva das possibilidades que a IA oferece, capturando a atenção do leitor imediatamente.

2. Argumentos Claros e Concisos: Os argumentos a favor da IA são apresentados de maneira clara e direta. A eficiência, conveniência e inovação tecnológica são destacados como principais benefícios.

3. Exemplos Concretos: O uso de exemplos práticos, como assistentes virtuais e sistemas de gerenciamento de energia, torna os argumentos mais tangíveis e convincentes para o leitor.

4. Apelo Emocional e Racional: O texto combina apelos emocionais (melhoria na qualidade de vida) com argumentos racionais (economia de tempo e recursos), o que aumenta sua persuasividade.

5. Visão Futurista e Positiva: O artigo adota uma visão otimista e progressista sobre o futuro, sugerindo que a IA é um passo natural e benéfico na evolução da sociedade.

Texto 2- Inteligência Artificial: A Ameaça à Nossa Autonomia Diária

Trata-se de um artigo de opinião contra o uso da inteligência artificial nas tarefas diárias.

Características e Pontos Fortes:

1. Introdução Provocativa: O artigo começa com uma afirmação forte e crítica, provocando o leitor a refletir sobre os aspectos negativos da IA desde o início.

2. Exploração de Riscos e Preocupações: Os argumentos contra a IA são bem delineados, abordando a perda de habilidades, preocupações com privacidade e segurança, e o impacto no mercado de trabalho.

3. Perspectiva Crítica e Reflexiva: O texto convida o leitor a questionar a dependência da tecnologia e a considerar as implicações éticas e sociais dessa dependência.

4. Apelo à Autonomia e Liberdade: O artigo apela para valores fundamentais como autonomia e liberdade, o que pode ressoar profundamente com leitores preocupados com a preservação dessas qualidades.

5. Tom de Urgência: O texto adota um tom de urgência e preocupação, o que pode motivar o leitor a pensar criticamente e agir em relação às questões apresentadas.

Comparação e Discussão

Ambos os artigos são eficazes como artigos de opinião, cada um adotando uma abordagem distinta para persuadir o leitor:

- Artigo a Favor da IA: Destaca os benefícios e inovações que a IA pode trazer, utilizando exemplos práticos e uma visão otimista do futuro. É persuasivo por sua clareza, concisão e apelo emocional positivo.

- Artigo Contra a IA: Foca nos riscos e desafios associados à adoção irrestrita da IA. Utiliza uma introdução provocativa e argumentos baseados em preocupações éticas, sociais e econômicas. É persuasivo por sua abordagem crítica e tom de urgência.

Ambos os artigos demonstram características essenciais de um bom artigo de opinião: introduções que capturam o leitor, argumentos claros e bem fundamentados, uso de exemplos concretos, e apelos emocionais e racionais que reforçam a posição defendida. A combinação dessas características faz com que os artigos sejam convincentes e envolventes, mesmo que defendam pontos de vista opostos.

E você? Já refletiu sobre esse assunto? Já tem uma opinião definida? Então, aproveite e elabore um artigo expondo e defendendo suas ideias a respeito desse tema tão atual e relevante.

Módulo 4: Pesquisa e Planejamento

Neste módulo, vamos abordar a importância da pesquisa e do planejamento para a criação de artigos de opinião bem fundamentados e convincentes.

Um artigo de opinião eficaz não se baseia apenas em opiniões pessoais, mas é sustentado por fatos, dados e argumentos bem pesquisados. A pesquisa e o planejamento são etapas cruciais que garantem a qualidade e a credibilidade do seu texto. Com uma base sólida de informações e um plano bem estruturado, você será capaz de desenvolver argumentos fortes e persuadir seus leitores de maneira mais eficaz.

Os principais tópicos abordados neste módulo incluem:

1. Pesquisa Prévia:
   - A importância da pesquisa para fundamentar seus argumentos.
   - Como encontrar e selecionar fontes confiáveis e diversificadas.
   - Técnicas para avaliar a credibilidade das informações.

2. Coleta de Informações e Dados Relevantes:
   - Estratégias para coletar dados e informações que apoiem seus argumentos.
   - Uso de bibliotecas online, revistas científicas, jornais renomados e outros recursos.

- A importância de incluir diferentes perspectivas para enriquecer seu texto.

3. Planejamento do Texto:
   - A importância do planejamento para organizar suas ideias.
   - Criação de um esqueleto ou rascunho inicial do texto.
   - Estruturação das ideias principais e secundárias de maneira lógica e coesa.

4. Organização das Ideias:
   - Definição dos principais argumentos e como suportá-los com evidências.
   - Técnicas para garantir que cada argumento esteja bem desenvolvido e claro.
   - Como organizar suas ideias de forma a manter o interesse do leitor.

Para complementar a teoria, incluímos exercícios práticos que ajudarão você a aplicar os conceitos discutidos em situações reais de escrita. Esses exercícios são projetados para aprimorar suas habilidades de pesquisa, planejamento e organização, garantindo que seus artigos de opinião sejam bem fundamentados e convincentes.

Ao final deste módulo, você terá uma compreensão sólida sobre como realizar uma pesquisa eficaz e planejar seus textos de maneira estratégica. Você estará preparado para avançar para os módulos seguintes, onde exploraremos técnicas de edição e revisão para aprimorar ainda mais seus artigos.

O intuito é aprender a construir uma base sólida para os seus artigos de opinião com pesquisa e planejamento eficazes!

Aula 1: Pesquisa Prévia

Coleta de informações e dados relevantes:
- Importância da pesquisa: Um bom artigo de opinião deve ser fundamentado em fatos e dados confiáveis. A pesquisa prévia garante que os argumentos sejam bem informados e convincentes.
- Como encontrar fontes confiáveis:
- Use bibliotecas online, revistas científicas, jornais renomados e sites de instituições respeitáveis.
- Verifique a credibilidade dos autores e das publicações.
- Considere a data da publicação para garantir que a informação esteja atualizada.
- Diversificação das fontes: Inclua diferentes perspectivas para enriquecer o argumento. Use tanto fontes primárias (como entrevistas e estudos originais) quanto secundárias (análises e resenhas).

Exercício Prático:

- Pesquisa de Fontes: Escolha um tema específico e pesquise três fontes confiáveis sobre o assunto. Faça um breve resumo de cada fonte para justificar por que acredita que são confiáveis.

Exemplos de Temas para Pesquisa:

1. Impactos das Mudanças Climáticas

2. Educação à Distância no Ensino Superior

3. Políticas de Saúde Pública e Vacinação

4. Ética na Inteligência Artificial

Aula 2: Planejamento do Texto

Estruturação inicial:

- Importância do planejamento: Planejar antes de escrever ajuda a organizar as ideias e garante que todos os pontos importantes sejam cobertos.

- Criação de um esqueleto ou rascunho:

-Esqueleto básico: Liste os principais pontos que você quer abordar em seu artigo.

- Rascunho detalhado: Desenvolva cada ponto com ideias secundárias e exemplos.

Organização das ideias principais e secundárias:

- Definição dos principais argumentos: Determine os argumentos centrais que você deseja defender.

- Suporte com ideias secundárias: Adicione detalhes, exemplos e dados que fundamentam cada argumento principal.

Exercício Prático:

- Criação de Esqueleto: Escolha um tema e crie um esqueleto básico de um artigo de opinião. Depois, reflita sobre a organização e cobertura dos pontos importantes.

Exemplos de Temas para Esqueleto:

1. Benefícios da Leitura na Infância

2. Vantagens e Desvantagens do Home Office

3. A Importância da Diversidade nas Empresas

4. Os Desafios da Sustentabilidade Urbana

5. O uso de celulares em sala de aula

6. A importância da internet para a globalização

Atividade Complementar:

1. Oficina de Pesquisa:

- Realize pesquisas sobre temas variados, focando na identificação de fontes confiáveis e na coleta de dados relevantes. Analise suas fontes e reflita como elas fundamentam seus argumentos.

Módulo 5: Edição e Revisão

Neste módulo, vamos explorar as etapas essenciais de edição e revisão, que são fundamentais para aprimorar a qualidade e a clareza dos seus artigos de opinião.

Escrever é apenas uma parte do processo; revisar e editar são igualmente importantes para garantir que seu texto esteja claro, coerente e livre de erros. A edição e a revisão não apenas corrigem erros gramaticais e ortográficos, mas também melhoram a estrutura, o estilo e a eficácia do seu argumento. Um texto bem revisado reflete profissionalismo e cuidado, aumentando a credibilidade do autor e o impacto do artigo.

Os principais tópicos abordados neste módulo incluem:

1. Autorrevisão:
   - A importância de revisar o próprio texto.
   - Técnicas de autorrevisão para identificar e corrigir erros.
   - Ferramentas e métodos para revisar seu texto de maneira eficaz.

2. Erros Comuns e Melhorias Estilísticas:
   - Identificação e correção de erros gramaticais e de pontuação.
   - Como eliminar repetições desnecessárias e melhorar a clareza e concisão do texto.
   - Dicas para manter um estilo de escrita consistente e eficaz.

3. Feedback Externo:

   - A importância de obter opiniões de terceiros.

   - Como lidar com críticas construtivas e sugestões de melhoria.

   - Técnicas para filtrar e aplicar o feedback recebido.

4. Revisão Colaborativa:

   - Benefícios da revisão em grupo.

   - Como organizar sessões de feedback colaborativo.

   - Métodos para integrar sugestões e aprimorar o texto final.

Para complementar a teoria, incluímos exercícios práticos que ajudarão você a aplicar os conceitos discutidos em situações reais de escrita. Esses exercícios são projetados para aprimorar suas habilidades de revisão e edição, garantindo que seus artigos de opinião sejam polidos e profissionais.

Ao final deste módulo, você terá uma compreensão sólida sobre como revisar e editar seus textos de maneira eficaz, melhorando a clareza, coesão e impacto dos seus artigos de opinião. Você estará preparado para avançar para os módulos seguintes, onde exploraremos estratégias de publicação e divulgação para compartilhar seus artigos com o mundo.

O objetivo é refinar seus artigos de opinião e elevar a qualidade da sua escrita com técnicas eficazes de edição e revisão!

Aula 1: Autorrevisão

Ferramentas e técnicas para revisar o próprio texto:

- Importância da autorrevisão: Revisar seu próprio texto é crucial para identificar erros e melhorar a clareza e coesão antes de compartilhar com outros.

- Técnicas de revisão:

- Leitura em voz alta: Ajuda a identificar frases estranhas ou erros gramaticais.

- Revisão por seções: Concentre-se em uma seção de cada vez (introdução, desenvolvimento, conclusão) para garantir que cada parte do texto esteja bem estruturada.

- Uso de checklists: Use uma lista de verificação para garantir que todos os elementos importantes estejam presentes (clareza, coesão, evidências, etc.).

- Intervalo entre a escrita e a revisão: Deixe o texto "descansar" por um tempo antes de revisá-lo para ter uma perspectiva fresca.

Checklist para Avaliação de um Artigo de Opinião Bem Estruturado

Estrutura Geral
- [ ] Título: O título é claro e atraente?

- [   ] Introdução: A introdução apresenta o tema de maneira envolvente?

- [   ] Tese Principal: A tese principal está claramente definida na introdução?

- [   ] Desenvolvimento: Os parágrafos do desenvolvimento exploram a tese de forma lógica e coesa?

- [   ] Conclusão: A conclusão resume os pontos principais e reforça a tese?

Conteúdo e Argumentação

-[   ] Clareza de Ideias: As ideias estão expressas de forma clara e concisa?

-[   ] Argumentos Sólidos: Os argumentos apresentados são sólidos e bem fundamentados?

-[   ] Evidências: Há evidências (dados, exemplos, citações) que apoiam os argumentos?

-[   ] Contra-argumentos: São apresentados e refutados contra-argumentos relevantes?

-[   ] Originalidade: O artigo apresenta uma perspectiva original sobre o tema?

Estilo e Linguagem

-[   ] Coerência e Coesão: O texto é coerente e bem estruturado?

-[   ] Linguagem Adequada: A linguagem é adequada ao público-alvo e ao propósito do texto?

-[ ] Variação de Vocabulário: O vocabulário é variado e apropriado?

-[ ] Uso de Conectores: Os conectores são usados de forma eficaz para ligar as ideias?

Gramática e Ortografia

- [ ] Ortografia: O texto está livre de erros ortográficos?

- [ ] Pontuação: A pontuação é correta e ajuda na clareza do texto?

- [ ] Gramática: O texto está gramaticalmente correto?

 Revisão Final

- [ ] Leitura em Voz Alta: O artigo foi lido em voz alta para verificar a fluidez?

- [ ] Feedback de Terceiros: O texto foi revisado por outra pessoa para obter feedback?

- [ ] Ajustes Finais: Foram feitas revisões e ajustes com base no feedback recebido?

Usar este checklist pode ajudar a garantir que o artigo de opinião esteja bem estruturado, claro e convincente.

Foco em erros comuns e melhorias estilísticas:

- Erros gramaticais e de pontuação: Verifique a correção gramatical e o uso adequado da pontuação.

- Repetições desnecessárias: Elimine palavras ou frases repetitivas.

- Clareza e concisão: Simplifique frases complexas e elimine informações desnecessárias.

- Consistência de estilo: Certifique-se de que o tom e o estilo sejam consistentes ao longo do texto.

Exercício Prático:

- Revisão de Texto: Leia os textos abaixo e realize uma revisão detalhada usando as técnicas mencionadas. Em seguida, reflita sobre as melhorias a serem feitas e os erros identificados.

A Importância da Educação Ambiental nas Escolas

Introdução

A educação ambiental é um tema importante nas escolas, mas nem sempre é abordado de forma eficaz. Muitas vezes, os professores não têm os recursos necessários para ensinar sobre o meio ambiente de maneira adequada.

Desenvolvimento

As crianças precisam aprender sobre o meio ambiente desde cedo para desenvolver uma consciência ecológica. Sem essa educação, é mais provável que continuem com hábitos prejudiciais ao planeta.

Um exemplo de como a educação ambiental pode ser implementada nas escolas é através de projetos de reciclagem. Esses projetos ensinam os alunos sobre a importância de reciclar e como isso pode ajudar a reduzir a poluição.

No entanto, há desafios significativos na implementação da educação ambiental nas escolas. Muitos professores não têm a formação necessária para ensinar esse tema e as escolas frequentemente carecem de recursos.

Outro problema é que muitas vezes a educação ambiental é vista como um assunto secundário, sem a mesma importância que outras disciplinas. Isso pode levar a uma abordagem superficial do tema.

Conclusão
A educação ambiental nas escolas é fundamental para o futuro do planeta. É necessário investir em recursos e formação para garantir que esse conhecimento seja transmitido de forma eficaz.

Avaliação do Artigo com o Checklist

Estrutura Geral
- [ ] Título: O título é claro, mas não é muito atraente.

- [ ] Introdução: A introdução apresenta o tema de maneira direta, mas não é envolvente.
- [X] Tese Principal: A tese principal está claramente definida na introdução.
- [ ] Desenvolvimento: Os parágrafos do desenvolvimento exploram a tese, mas de forma um pouco superficial e repetitiva.
- [ ] Conclusão: A conclusão resume os pontos principais, mas não reforça a tese de forma convincente.

Conteúdo e Argumentação
- [ ] Clareza de Ideias: As ideias estão expressas de forma clara, mas falta concisão em alguns pontos.
- [ ] Argumentos Sólidos: Os argumentos apresentados são válidos, mas poderiam ser mais bem fundamentados.
- [ ] Evidências: Há algumas evidências, mas são poucas e superficiais.
- [ ] Contra-argumentos: Não são apresentados contra-argumentos relevantes.
- [X] Originalidade: O artigo apresenta uma perspectiva sobre o tema.

Estilo e Linguagem
- [ ] Coerência e Coesão: O texto é coerente, mas a estrutura poderia ser mais bem organizada.
- [ ] Linguagem Adequada: A linguagem é adequada, mas um pouco simplista.

- [ ] Variação de Vocabulário: O vocabulário é adequado, mas pouco variado.
- [ ] Uso de Conectores: Os conectores são usados, mas poderiam ser mais eficazes.

Gramática e Ortografia
- [ ] Ortografia: O texto tem alguns erros ortográficos.
- [ ] Pontuação: A pontuação é correta na maioria das vezes, mas há algumas falhas.
- [X] Gramática: O texto está gramaticalmente correto na maioria dos casos.

Erros Identificados:
- Estrutura Geral: O título não é atraente; a introdução não é envolvente; o desenvolvimento é superficial e repetitivo; a conclusão não reforça a tese de forma convincente.
- Conteúdo e Argumentação: As ideias não são concisas; argumentos não são bem fundamentados; evidências são poucas e superficiais; falta de contra-argumentos.
- Estilo e Linguagem: Estrutura não está bem organizada; linguagem simplista; vocabulário pouco variado; conectores poderiam ser mais eficazes.
- Gramática e Ortografia: Presença de erros ortográficos e algumas falhas de pontuação.

Artigo Reescrito: A Importância da Educação Ambiental nas Escolas

Introdução

Nos últimos anos, o debate sobre a importância da educação ambiental nas escolas tem ganhado destaque. A crescente preocupação com as mudanças climáticas e a degradação ambiental tem levado a sociedade a repensar seus hábitos e a valorizar práticas mais sustentáveis. Nesse contexto, a educação ambiental nas escolas surge como uma ferramenta fundamental para formar cidadãos conscientes e comprometidos com o meio ambiente.

Desenvolvimento

A educação ambiental é essencial para que as crianças e jovens compreendam a importância da preservação do meio ambiente e adotem atitudes sustentáveis em seu dia a dia. Ao serem expostos a conhecimentos sobre ecossistemas, reciclagem, economia de recursos naturais e combate à poluição, os estudantes desenvolvem uma consciência ecológica que influenciará suas decisões futuras.

Além disso, a educação ambiental promove o desenvolvimento de habilidades críticas e analíticas. Ao aprender sobre os impactos das ações humanas no meio ambiente, os alunos são encorajados a refletir sobre suas próprias práticas e a buscar soluções criativas para problemas ambientais. Esse processo de reflexão e solução de problemas é fundamental para a formação de cidadãos críticos e participativos.

Por outro lado, a implementação da educação ambiental nas escolas enfrenta desafios significativos. Muitas instituições de ensino ainda carecem de recursos e de capacitação adequada para professores. Sem o apoio necessário, a educação ambiental pode se tornar superficial e ineficaz. Portanto, é crucial que governos e organizações não governamentais invistam em programas de capacitação e forneçam materiais didáticos apropriados.

Conclusão

Em suma, a educação ambiental nas escolas é um elemento crucial para a formação de cidadãos conscientes e responsáveis. Apesar dos desafios, é necessário investir em recursos e capacitação para garantir que esse conhecimento seja transmitido de forma eficaz. Somente assim poderemos construir uma sociedade mais sustentável e preocupada com o futuro do planeta.

Avaliação do Artigo com o Checklist

Estrutura Geral

- [X] Título: O título é claro e atraente.

- [X] Introdução: A introdução apresenta o tema de maneira envolvente.

- [X] Tese Principal: A tese principal está claramente definida na introdução.

- [X] Desenvolvimento: Os parágrafos do desenvolvimento exploram a tese de forma lógica e coesa.

- [X] Conclusão: A conclusão resume os pontos principais e reforça a tese.

Conteúdo e Argumentação

- [X] Clareza de Ideias: As ideias estão expressas de forma clara e concisa.

- [X] Argumentos Sólidos: Os argumentos apresentados são sólidos e bem fundamentados.

- [X] Evidências: Há evidências que apoiam os argumentos.

- [X] Contra-argumentos: São apresentados e refutados contra-argumentos relevantes.

- [X] Originalidade: O artigo apresenta uma perspectiva original sobre o tema.

Estilo e Linguagem

- [X] Coerência e Coesão: O texto é coerente e bem estruturado.

- [X] Linguagem Adequada: A linguagem é adequada ao público-alvo e ao propósito do texto.
- [X] Variação de Vocabulário: O vocabulário é variado e apropriado.
- [X] Uso de Conectores: Os conectores são usados de forma eficaz para ligar as ideias.

Gramática e Ortografia
- [X] Ortografia: O texto está livre de erros ortográficos.
- [X] Pontuação: A pontuação é correta e ajuda na clareza do texto.
- [X] Gramática: O texto está gramaticalmente correto.

Erros e Acertos Identificados:
- O artigo atendeu a todos os critérios de estrutura, conteúdo, estilo, linguagem, gramática e ortografia.

Aula 2: Feedback Externo

Importância de obter opiniões de terceiros:
- Benefícios do feedback: Feedback de outras pessoas pode trazer novas perspectivas e identificar problemas que o autor pode ter perdido.
- Tipos de feedback: Feedback pode ser formal (de um professor ou editor) ou informal (de colegas ou amigos).

Como lidar com críticas e sugestões:

- Aceitar críticas construtivas: Veja o feedback como uma oportunidade de melhorar, não como uma crítica pessoal.

- Filtrar e aplicar feedback: Decida quais sugestões são úteis e como aplicá-las ao seu texto.

- Feedback balanceado: Procure feedback que destaque tanto os pontos fortes quanto as áreas de melhoria.

Exercício Prático:

1. Oficina de Revisão:

- Realize revisões de textos de jornais ou blogs com temas de seu interesse, focando nas características do check list. Quanto mais textos e exemplos reais você ler, mais poderá aprimorar sua prática de escrita.

Módulo 6: Publicação e Divulgação

Neste módulo, vamos explorar as estratégias de publicação e divulgação para garantir que seus artigos de opinião alcancem o público-alvo e causem o impacto desejado.

Escrever um artigo de opinião convincente é apenas uma parte do processo. Para que suas ideias ganhem visibilidade e influenciem o debate público, é essencial saber como e onde publicar seus textos. Com o advento das plataformas digitais, existem inúmeras opções para divulgar seus artigos, desde jornais tradicionais até blogs pessoais e redes sociais.

Os principais tópicos abordados neste módulo incluem:

1. Plataformas de Publicação:
   - Diferentes opções para publicar artigos de opinião, como jornais, revistas, blogs e sites especializados.
   - Vantagens e desvantagens de cada plataforma.
   - Como escolher a plataforma mais adequada para o seu público e objetivo.

2. Mídias Sociais e Outras Plataformas Digitais:
   - Uso de redes sociais (Facebook, Twitter, Instagram, LinkedIn) para aumentar a visibilidade dos seus artigos.
   - Estratégias para engajar o público e promover discussões em torno do seu texto.

- Utilização de plataformas como Medium e outras ferramentas de publicação digital.

3. Estratégias de Divulgação:
- Técnicas de SEO (Search Engine Optimization) para garantir que seu artigo apareça nas pesquisas online.
- Como usar hashtags, grupos e comunidades online para ampliar o alcance do seu artigo.
- Importância do e-mail marketing e como utilizá-lo para divulgar seus textos.

4. Interação com os Leitores e Construção de uma Audiência:
- Como responder a comentários e engajar os leitores de forma construtiva.
- Estratégias para criar uma comunidade de seguidores fiéis.
- Importância da consistência na publicação para manter e aumentar sua audiência.

Para complementar a teoria, incluímos exercícios práticos que ajudarão você a aplicar as estratégias discutidas em situações reais de divulgação. Esses exercícios são projetados para aprimorar suas habilidades de publicação e promoção, garantindo que seus artigos de opinião alcancem um público mais amplo e causem um impacto significativo.

Ao final deste módulo, você terá uma compreensão sólida sobre como publicar e divulgar seus artigos de opinião de maneira eficaz, utilizando as plataformas e estratégias mais adequadas para atingir seu público-alvo. Você estará preparado para avançar para o módulo final, onde aplicará tudo o que aprendeu em exercícios práticos e estudos de caso.

O intuito é garantir que suas ideias cheguem ao público certo e causem o impacto desejado com estratégias eficazes de publicação e divulgação!

Aula 1: Plataformas de Publicação

Jornais e revistas:

- Jornais: Artigos de opinião em jornais alcançam um público amplo e variado. Muitas vezes, os jornais possuem seções específicas para colunas de opinião.
- Revistas: Publicações especializadas podem ter seções de opinião que se alinham com seus temas específicos (ciência, cultura, política, etc.).

Publicar artigos de opinião em jornais e revistas pode oferecer uma série de vantagens tanto para o autor quanto para a publicação. A seguir, apresento algumas estratégias e vantagens para publicar artigos de opinião em jornais e revistas:

Estratégias para publicar artigos de opinião em jornais ou revistas.

1. Conheça a Publicação:

- Estilo e Tom: Familiarize-se com o estilo e o tom dos artigos publicados na revista ou jornal.

- Público-Alvo: Entenda quem é o público-alvo da publicação para adaptar o conteúdo do seu artigo.

- Seções Relevantes: Identifique quais seções ou colunas aceitam artigos de opinião.

2. Escolha um Tema Relevante e Atual:

- Atualidade: Aborde temas que sejam atuais e de interesse público.

- Relevância: Escolha tópicos que ressoem com o público da publicação e que possam gerar engajamento e discussão.

3. Desenvolva um Ângulo Único:

- Perspectiva Única: Ofereça uma visão original ou uma abordagem única sobre o tema escolhido.

- Especialização: Utilize seu conhecimento e experiência para oferecer insights valiosos.

4. Escreva de Forma Clara e Concisa:

- Clareza: Evite jargões e use uma linguagem clara e acessível.

- Concisão: Mantenha o texto direto ao ponto, respeitando o limite de palavras estabelecido pela publicação.

5. Estruture Bem o Artigo:
- Introdução: Apresente o tema e a tese do artigo de forma envolvente.
- Desenvolvimento: Desenvolva seus argumentos de forma lógica e coesa.
- Conclusão: Reforce sua tese e apresente um fechamento impactante.

6. Envie uma Proposta de Artigo:
- Proposta Clara: Envie uma proposta clara e bem escrita ao editor, incluindo o tema, o ângulo e a relevância do artigo.
-Biografia Breve: Inclua uma breve biografia, destacando suas credenciais e experiência no assunto.

7. Siga as Diretrizes da Publicação:
- Regras de Submissão: Siga rigorosamente as diretrizes de submissão, incluindo formato, tamanho e prazos.

Vantagens de Publicar Artigos de Opinião

1. Aumento da Visibilidade:
- Ampliação do Alcance: Publicar em jornais e revistas com grande circulação aumenta a visibilidade do autor e de suas ideias.
- Reconhecimento: A exposição pode levar ao reconhecimento como especialista na área.

2. Credibilidade e Autoridade:

- Autoridade no Tema: Publicar em mídias respeitadas confere credibilidade e autoridade ao autor.

- Confiança do Público: A associação com publicações de renome pode aumentar a confiança do público nas opiniões do autor.

3. Engajamento e Discussão:

- Debate Público: Artigos de opinião podem estimular discussões e debates, tanto online quanto offline.

- Feedback: Receber feedback de leitores pode enriquecer a compreensão do tema e proporcionar novas perspectivas.

4. Oportunidades Profissionais:

- Networking: Publicar em revistas e jornais pode abrir portas para oportunidades de networking com outros profissionais e influenciadores.

- Convites para Eventos: Pode levar a convites para palestras, conferências e outros eventos relacionados ao tema.

5. Contribuição para a Sociedade:

- Informação e Educação: Artigos de opinião informam e educam o público sobre questões importantes.

- Influência Positiva: Podem influenciar políticas públicas, opiniões e comportamentos, contribuindo para mudanças positivas na sociedade.

6. Desenvolvimento Pessoal:
 - Habilidades de Escrita: A prática regular de escrita aprimora as habilidades de comunicação e expressão do autor.
 - Refinamento de Ideias: O processo de escrever e revisar artigos ajuda a refinar e aprofundar o entendimento do tema.

Publicar artigos de opinião em jornais e revistas é uma estratégia poderosa para aumentar a visibilidade, credibilidade e influência do autor. Com as estratégias corretas, como conhecer a publicação, escolher temas relevantes, desenvolver um ângulo único e seguir as diretrizes de submissão, os autores podem maximizar as vantagens dessa prática, incluindo maior engajamento, reconhecimento profissional e contribuição positiva para a sociedade.

Blogs

- Blogs: Blogs pessoais ou de terceiros são uma excelente maneira de compartilhar opiniões com um público específico. Blogs permitem maior flexibilidade em termos de estilo e conteúdo.

Como criar um Blog

1. Defina o Propósito e o Público-Alvo do Blog
Antes de iniciar, determine o objetivo do seu blog e quem será seu público-alvo. Isso guiará suas decisões de conteúdo e estilo.

- Propósito: Informar, educar, entreter, promover um negócio, etc.

- Público-Alvo: Idade, interesses, localização, necessidades, etc.

2. Escolha uma Plataforma de Blog

Há várias plataformas disponíveis, cada uma com suas vantagens e desvantagens:

- WordPress.org: Plataforma de código aberto, altamente personalizável, mas requer hospedagem própria.

- WordPress.com: Versão hospedada do WordPress, menos flexível, mas mais fácil de começar.

- Blogger: Gratuita e fácil de usar, mas com menos opções de personalização.

- Medium: Focada em escritores, fácil de usar, com uma audiência integrada.

- Wix/Squarespace: Plataformas de criação de sites que incluem funcionalidades de blog.

3. Escolha e Registre um Nome de Domínio

O nome de domínio é o endereço do seu blog na internet (ex.: www.seublog.com). Escolha um nome que seja:

- Memorável

- Relevante para o conteúdo do blog

- Fácil de digitar e pronunciar

Registre o domínio através de registradores como GoDaddy, Namecheap ou diretamente através do serviço de hospedagem.

4. Escolha um Serviço de Hospedagem (se necessário)

Se você optar por uma plataforma como WordPress.org, precisará de um serviço de hospedagem. Alguns serviços populares são:

- Bluehost

- SiteGround

- HostGator

5. Instale a Plataforma de Blog

- WordPress.org: A maioria dos serviços de hospedagem oferece instalações com um clique para WordPress.

- Outras Plataformas: Siga as instruções específicas da plataforma escolhida (Blogger, Medium, etc.).

6. Personalize o Design do Blog

Escolha um tema que reflita o estilo do seu blog e que seja amigável para o usuário. Personalize o tema para se adequar à sua marca e conteúdo:

- Adicione um logotipo

- Escolha cores e fontes consistentes

- Configure o layout das páginas

7. Crie Conteúdo de Qualidade

Comece escrevendo posts de alta qualidade que sejam relevantes para seu público. Planeje uma agenda de publicação consistente para manter seu blog atualizado e atrativo:

- Títulos Atraentes: Crie títulos que chamem a atenção e sejam relevantes para o conteúdo.

- Conteúdo Valioso: Forneça informações úteis, insights únicos e recursos valiosos para seus leitores.

- Elementos Visuais: Inclua imagens, gráficos e vídeos para tornar o conteúdo mais envolvente.

8. Promova Seu Blog

Para atrair leitores, promova seu blog através de diferentes canais:

- Mídias Sociais: Compartilhe seus posts em plataformas como Facebook, Twitter, Instagram e LinkedIn.

- Email Marketing: Crie uma lista de e-mails e envie newsletters com atualizações do blog.

- SEO: Otimize seus posts para motores de busca para aumentar a visibilidade orgânica.

- Networking: Colabore com outros blogueiros e participe de comunidades online relacionadas ao seu nicho.

9. Monitore e Analise o Desempenho

Use ferramentas de análise para monitorar o desempenho do seu blog:

- Google Analytics: Acompanhe o tráfego do site, comportamento dos usuários e outras métricas importantes.

- Google Search Console: Monitore o desempenho nos resultados de busca e identifique problemas técnicos.

Criar um blog é um processo que envolve planejamento, personalização, criação de conteúdo e promoção. Seguindo esses passos, você pode estabelecer uma presença online eficaz e atrair um público engajado.

Mídias sociais e outras plataformas digitais:
- Facebook, Twitter, Instagram: As mídias sociais são ferramentas poderosas para alcançar e engajar um público amplo. Artigos podem ser compartilhados, comentados e debatidos em tempo real.

Postar artigos de opinião nas redes sociais como Instagram, Twitter e Facebook pode oferecer várias vantagens significativas, tanto para indivíduos quanto para empresas e organizações.

Vantagens de Postar Artigos de Opinião nas Redes Sociais

1. Alcance Ampliado:
- Grande Audiência: Essas plataformas possuem milhões de usuários ativos, proporcionando um alcance potencial enorme para seus artigos.
- Segmentação de Público: As redes sociais permitem direcionar conteúdo para públicos específicos com base em interesses, localização, demografia e comportamentos, aumentando a relevância das postagens.

2. Interação e Engajamento:

- Feedback Imediato: Os leitores podem comentar, compartilhar e reagir aos artigos, proporcionando feedback instantâneo e oportunidades para discussões ricas.

- Construção de Comunidade: As interações ajudam a criar uma comunidade em torno de seus tópicos de interesse, aumentando o engajamento e a lealdade dos seguidores.

3. Construção de Autoridade e Marca Pessoal:

- Reconhecimento de Especialista: Postar regularmente sobre tópicos relevantes ajuda a estabelecer a autoridade e a credibilidade como especialista em sua área.

- Visibilidade da Marca: Para empresas e profissionais, compartilhar artigos de opinião pode fortalecer a marca pessoal ou corporativa, destacando valores, conhecimentos e expertise.

4. Aumento do Tráfego para Outros Canais:

- Links para Sites ou Blogs: Compartilhar artigos com links para seu site ou blog pode aumentar o tráfego, melhorando a visibilidade e as oportunidades de conversão.

- SEO e Visibilidade Online: Postagens frequentes e engajadoras podem melhorar a presença online, contribuindo para melhores resultados de SEO.

5. Educação e Influência:

- Informação e Educação: Os artigos de opinião podem informar e educar o público sobre questões importantes, influenciando percepções e comportamentos.
- Influência Social: As redes sociais oferecem uma plataforma para influenciar discussões e debates sobre temas sociais, políticos, econômicos e culturais.

6. Compartilhamento Viral:
- Potencial Viral: Conteúdos que ressoam com o público têm o potencial de se tornarem virais, sendo amplamente compartilhados e alcançando audiências muito além de seus seguidores diretos.
- Efeito Multiplicador: Cada compartilhamento pode levar seu artigo a novas audiências, criando um efeito multiplicador para a disseminação de suas ideias.

7. Feedback e Melhoria Contínua:
- Insights e Análises: As plataformas sociais oferecem ferramentas analíticas que permitem entender como o conteúdo está performando, ajudando a refinar e melhorar futuras postagens.
- Adaptação de Conteúdo: O feedback dos leitores permite ajustar o tom, estilo e conteúdo para melhor atender às expectativas e interesses do público.

Postar artigos de opinião em redes sociais como Instagram, Twitter e Facebook oferece inúmeras vantagens, incluindo maior alcance e visibilidade, construção de autoridade, engajamento com a comunidade, e potencial para influenciar debates e discussões. Utilizar essas plataformas eficazmente pode amplificar a voz do autor, educar e informar o público, e contribuir para o crescimento de sua marca pessoal ou corporativa.

Medium:

É uma plataforma dedicada à publicação de artigos de opinião e outros textos, onde os autores podem alcançar um público global. Trata-se de um site de publicação online lançado em agosto de 2012 por Evan Williams, co-fundador do Twitter e do Blogger. Permite aos usuários escreverem, publicar e compartilhar artigos, ensaios, histórias e outros tipos de conteúdo textual.

Características do Medium

1.Facilidade de Uso: Medium é conhecido por sua interface limpa e amigável, que facilita a criação e publicação de conteúdo. Os usuários não precisam de conhecimento técnico para começar a publicar.

2.Comunidade e Engajamento: Medium funciona como uma rede social para escritores e leitores. Os usuários podem seguir outros escritores, claps (aplausos) para artigos que gostam, e deixar comentários, promovendo um ambiente de interação e feedback.

3.Publicações: Além de publicar em seus perfis pessoais, os usuários podem submeter artigos para publicações, que são coleções de artigos sobre temas específicos. Isso pode aumentar a visibilidade do conteúdo.

4.Monetização: O Medium oferece um programa de parceiros onde os escritores podem ganhar dinheiro com base no engajamento dos leitores, especialmente dos assinantes pagos do Medium.

5.Qualidade do Conteúdo: A plataforma valoriza a qualidade do conteúdo e incentiva a publicação de textos bem escritos e bem pesquisados. É um espaço popular entre jornalistas, escritores, acadêmicos e profissionais de diversas áreas.

6.Leitores e Escritores: Qualquer pessoa pode ler artigos no Medium, mas para acessar alguns conteúdos exclusivos ou para participar do programa de parceiros, os leitores podem se tornar membros pagos.

Benefícios de Usar o Medium

- Visibilidade: A possibilidade de atingir um público amplo e diversificado.

- Simples de Usar: Interface intuitiva e ferramentas de publicação acessíveis.

- Interação: Engajamento direto com leitores e outros escritores.

- Crescimento Profissional: Oportunidade de construir uma audiência e melhorar habilidades de escrita.

Medium é uma plataforma poderosa tanto para escritores quanto para leitores, oferecendo um espaço para a publicação e descoberta de conteúdo de alta qualidade. É uma ferramenta valiosa para quem deseja compartilhar suas ideias, construir uma audiência e potencialmente monetizar seu conteúdo.

LinkedIn:

Ideal para artigos de opinião relacionados a negócios, carreira e indústrias específicas.

LinkedIn é uma plataforma de rede social voltada para profissionais e negócios, fundada em dezembro de 2002 e lançada oficialmente em maio de 2003. Foi criada com o objetivo de conectar profissionais de diversas áreas, facilitando a criação de redes de contatos, o compartilhamento de informações e oportunidades de carreira. Algumas características e funcionalidades principais do LinkedIn:

1. Perfis Profissionais:

- Currículo Online: Os usuários criam perfis detalhados que funcionam como currículos online, incluindo informações sobre educação, experiência de trabalho, habilidades e recomendações.
- Recomendações e Endossos: Os usuários podem receber recomendações e endossos de colegas, superiores e outros contatos, aumentando a credibilidade de seu perfil.

2. Rede de Contatos:
- Conexões: Os usuários podem se conectar com colegas de trabalho, parceiros de negócios, ex-colegas, e outros profissionais de interesse.
- Grupos: Os usuários podem participar de grupos baseados em interesses comuns, indústrias ou temas específicos, permitindo a troca de conhecimentos e oportunidades de networking.

3. Vagas de Emprego:
 - Busca de Emprego: LinkedIn é uma ferramenta poderosa para a busca de emprego, com milhares de vagas anunciadas por empresas de todo o mundo.
- Recrutamento: Empresas usam LinkedIn para recrutar talentos, postando vagas de emprego e procurando candidatos qualificados através de ferramentas de pesquisa avançadas.

4. Conteúdo e Engajamento:
- Publicações: Os usuários podem compartilhar atualizações, artigos, fotos e vídeos relacionados à sua área profissional.

- LinkedIn Pulse: Plataforma de publicação de artigos onde os membros podem escrever e compartilhar artigos de formato longo sobre tópicos profissionais e tendências da indústria.

5. Aprendizado e Desenvolvimento:
- LinkedIn Learning: Oferece cursos online e tutoriais em diversas áreas, permitindo aos usuários desenvolverem novas habilidades e aprimorar as existentes.

6. Páginas de Empresa:
- Presença Corporativa: As empresas podem criar páginas no LinkedIn para compartilhar informações sobre a organização, cultura, produtos, serviços e vagas de emprego.

Benefícios do LinkedIn

- Networking Profissional: Permite aos usuários expandirem suas redes de contatos profissionais, o que pode levar a novas oportunidades de carreira e negócios.
- Visibilidade: Aumenta a visibilidade profissional e facilita a criação de uma marca pessoal forte.
- Oportunidades de Emprego: Facilita a busca e aplicação para vagas de emprego, além de permitir que recrutadores encontrem candidatos qualificados.
- Desenvolvimento de Carreira: Acesso a recursos educacionais e informações sobre tendências da indústria que ajudam no crescimento profissional.

LinkedIn é uma ferramenta essencial para profissionais que desejam avançar em suas carreiras, fazer networking e se manter atualizados sobre tendências do mercado. Com suas múltiplas funcionalidades, LinkedIn atende a uma ampla gama de necessidades, desde a busca de emprego até o desenvolvimento profissional contínuo.

Exercício Prático:

- Exploração de Plataformas: Pesquise as diferentes plataformas de publicação. Analise as características, vantagens e desvantagens de cada plataforma. Em seguida, defina qual plataforma seria mais adequada para a publicação dos seus artigos de opinião.

Aula 2: Divulgação Eficaz

Estratégias para alcançar um público maior:
- SEO (Search Engine Optimization): Técnicas para otimizar o artigo de modo que ele apareça nas buscas do Google e outros motores de busca.

Search Engine Optimization (SEO) é um conjunto de técnicas e estratégias usadas para melhorar a visibilidade de um site ou página da web nos resultados orgânicos dos motores de busca, como Google, Bing e Yahoo. O objetivo principal do SEO é aumentar o tráfego qualificado para um site, melhorando sua posição nos resultados de busca para termos e frases relevantes.

Componentes Principais do SEO

1. SEO On-Page:
- Palavras-Chave: Pesquisa e uso de palavras-chave relevantes no conteúdo, títulos, descrições e URLs.
- Conteúdo de Qualidade: Criação de conteúdo informativo, valioso e bem-escrito que atenda às necessidades dos usuários.
- Tags HTML: Uso adequado de tags HTML, como títulos (H1, H2), meta descrições, tags alt para imagens e tags de cabeçalho.
 - URLs Amigáveis: Criação de URLs claras e descritivas.
- Experiência do Usuário (UX): Melhoria da navegação do site, tempos de carregamento rápidos e design responsivo para dispositivos móveis.

2. SEO Off-Page:
- Backlinks: Aquisição de links de alta qualidade de outros sites relevantes e respeitáveis.
- Marketing de Conteúdo: Distribuição de conteúdo em outras plataformas e blogs para atrair backlinks e tráfego.

- Mídias Sociais: Engajamento em redes sociais para aumentar a visibilidade e atrair tráfego.

Como Usar SEO

1. Pesquisa de Palavras-Chave:
- Use ferramentas como Google Keyword Planner, Ahrefs, SEMrush ou Ubersuggest para encontrar palavras-chave relevantes para o seu nicho.
 - Identifique palavras-chave com alto volume de busca e baixa concorrência.

2. Criação de Conteúdo Otimizado:
 - Inclua Palavras-Chave: Use palavras-chave de forma natural em títulos, subtítulos e no corpo do texto.
- Conteúdo de Qualidade: Produza conteúdo original, relevante e valioso que responda às perguntas e necessidades do seu público.
 - Atualização Regular: Atualize o conteúdo regularmente para mantê-lo relevante e informativo.

O SEO é uma prática essencial para aumentar a visibilidade online e atrair tráfego qualificado para um site. Ao aplicar técnicas de SEO on-page, off-page e técnico, você pode melhorar a classificação do seu site nos motores de busca e alcançar um público maior. A pesquisa de palavras-chave, a criação de conteúdo de qualidade, a construção de backlinks e a otimização técnica são componentes críticos de uma estratégia de SEO eficaz. Monitorar e ajustar continuamente sua estratégia com base em análises e feedback é fundamental para o sucesso a longo prazo.

Interação com os leitores e construção de uma audiência:
- Respondendo a comentários: Engajar com os leitores respondendo a comentários e participando de discussões.
- Criando uma comunidade: Incentive os leitores a seguir suas publicações e a se inscreverem para atualizações.
- Consistência: Publique regularmente para manter e aumentar sua audiência.

Atividade Complementar:

1. Oficina de Publicação:
- Publique um artigo de opinião em uma plataforma digital de sua escolha. Acompanhe todo o processo, desde a formatação até a interação com os leitores após a publicação.

Módulo 7: Prática e Aplicação

Neste módulo, você terá a oportunidade de colocar em prática tudo o que aprendeu ao longo do curso. A prática é fundamental para consolidar seus conhecimentos e habilidades, permitindo que você desenvolva confiança e competência na escrita de artigos de opinião.

Este módulo é dedicado à aplicação prática das técnicas e estratégias discutidas nos módulos anteriores. Através de exercícios práticos e estudos de caso, você poderá aprimorar suas habilidades de escrita, análise e revisão. Além disso, terá a chance de receber feedback construtivo, o que é crucial para o seu crescimento como escritor.

Os principais tópicos abordados neste módulo incluem:

1. Exercícios Práticos:
   - Redação de artigos de opinião sobre temas variados.
   - Aplicação das técnicas de estrutura, estilo, coesão e originalidade aprendidas.
   - Desenvolvimento de argumentos sólidos e bem fundamentados.

2. Análise e Discussão de Textos Produzidos:
   - Análise crítica dos artigos produzidos.

- Discussão em grupo sobre os pontos fortes e áreas de melhoria de cada texto.

- Técnicas para fornecer e receber feedback construtivo.

3. Estudos de Caso:

- Análise de artigos de opinião de sucesso.

- Identificação das técnicas e estratégias utilizadas nesses artigos.

- Aplicação dos insights obtidos na produção dos próprios textos.

4. Projeto Final:

- Desenvolvimento de um artigo de opinião completo, aplicando todas as habilidades aprendidas.

- Planejamento, pesquisa, redação, edição e revisão do artigo final.

- Publicação e divulgação do artigo em uma plataforma escolhida.

Para complementar a teoria, incluímos exercícios práticos que permitirão a aplicação direta dos conceitos discutidos. Esses exercícios são projetados para reforçar suas habilidades e garantir que você esteja preparado para escrever artigos de opinião eficazes e impactantes.

Ao final deste módulo, você terá a oportunidade de avaliar seu progresso, identificar áreas de melhoria contínua e celebrar suas conquistas. Este módulo é uma celebração do seu desenvolvimento como escritor de artigos de opinião e uma preparação para sua prática futura.

É hora de colocar em prática tudo o que aprendeu e escrever artigos de opinião que realmente façam a diferença!

Aula 1: Exercícios Práticos

Escrever artigos de opinião sobre temas variados:

- Seleção de temas relevantes e atuais: Escolher temas que sejam de interesse público e que tenham relevância contemporânea. Lembre-se que você deve escolher temas que lhe interesse pessoalmente para garantir uma escrita mais engajada e apaixonada.

- Importância de escolher temas de interesse: A paixão pelo tema escolhido se reflete na qualidade da escrita e na persuasão do artigo.

Estruturação dos exercícios práticos:

- Definição do objetivo do artigo: Cada artigo deve ter um propósito claro, seja persuadir, informar ou provocar reflexão.

- Planejamento e esboço do texto: Antes de começar a escrever, os alunos devem criar um esqueleto do artigo, delineando os principais pontos e argumentos.

Exercício Prático:

- Redação de Artigo: Escolha um tema de interesse e escreva um artigo de opinião completo, seguindo a estrutura aprendida: título, introdução, desenvolvimento e conclusão. Poste em suas redes sociais e depois, solicite feedback dos leitores do seu blog ou seguidores.

Exemplos de Temas para Artigos:
1. A importância da educação financeira nas escolas.
2. Vantagens e desvantagens do trabalho remoto.
3. Impacto das redes sociais na saúde mental.
4. A crise climática e as responsabilidades individuais.

Aula 2: Análise e Autoavaliação de Textos Produzidos

Análise crítica dos textos:
- Importância de analisar e avaliar o próprio trabalho: A análise crítica ajuda a identificar pontos fortes e áreas de melhoria, promovendo uma escrita mais refinada.
- Critérios de avaliação: Coerência, coesão, clareza, originalidade, uso de evidências e persuasão.
- Foco nos pontos positivos e nas áreas de melhoria, usando uma abordagem equilibrada.

- Você também pode fazer uso da IA para avaliar seu texto solicitando correções e feedback sobre o seu artigo.

Aula 3: Estudos de Caso

Análise de artigos de opinião de sucesso:

- Escolha de artigos que tiveram grande impacto: Identificar e discutir artigos que influenciaram políticas, mudaram opiniões públicas ou geraram debates significativos.
- Discussão sobre o que torna esses artigos eficazes: Analisar a estrutura, os argumentos, o estilo de escrita e o uso de evidências.

Identificação de técnicas e estratégias usadas:
- Técnicas retóricas: Uso de ethos, pathos e logos.
- Estilo de escrita: Clareza, concisão e persuasão.
- Coesão e originalidade: Como os autores mantêm a coerência e apresentam ideias de forma única.

Exercício Prático:
- Estudo de Caso: Leia os textos abaixo e analise-os, identificando as técnicas usadas e como essas técnicas contribuem para a eficácia da argumentação e comunicação.

"Entre fatos e fakes: a insegurança dentro dos muros da escola"

Nunca imaginamos que viveríamos para ver pais com medo de mandar seus filhos para a escola, porque a escola, o lugar mais apropriado para receber nossas crianças, se tornou o lugar mais temido nos últimos dias.

Entre fatos e fakes, nos quedamos, espantados, atemorizados, vulneráveis e impotentes diante dos ataques e ameaças que recaem sobre nossos professores, nossos filhos, nossas crianças dentro dos muros da escola. Mensagens apavorantes nas redes sociais e nos noticiários, algumas verdadeiras outras não, têm fomentado o pânico e desespero em pais e educadores, que se sentem perdidos e inseguros diante das tragédias anunciadas.

A internet mostrou o grande poder das redes sociais para espalhar o medo, o terror, a incitação à violência, ao extremismo, à intolerância e ao ódio. Mas, acima de tudo, mostrou algo muito importante: o quanto estamos adoecidos, desumanos e insanos, porque as redes são apenas espelhos que refletem a imagem de quem está por trás de cada perfil, de cada postagem, de cada notícia e de cada comentário.

Diante de todo o caos, o momento é de "restart", para que possamos aproveitar a oportunidade de refletir sobre os fatos e olharmos para os nossos jovens com a intenção de enxergá-los de verdade, tentar entender o que está havendo com eles e conosco. Talvez, suas atitudes extremas sejam o modo desesperado de pedir ajuda. Não podemos fechar os olhos e ignorar este apelo, a nós, nos cabe o papel enquanto pais, professores e educadores, de buscar meios para ajudá-los a se encontrar, antes que os percamos de vez.

Tânia Amaral - Doutoranda em Inovação na formação de professores na Universidad de Extremadura na Espanha; Mestre em Educação Especial pela Universidade Fernando Pessoa em Portugal; Professora de educação básica há 30 anos, atualmente, Diretora de escola na Rede Municipal de Paulínia/SP.

Resposta Esperada:
Técnicas Utilizadas no Texto: Ethos, Pathos e Logos

1. Ethos (Ética ou Credibilidade):
   - Uso do Ethos:

"Tânia Amaral - Doutoranda em Inovação na formação de professores na Universidad de Extremadura na Espanha; Mestre em Educação Especial pela Universidade Fernando Pessoa em Portugal; Professora de educação básica há 30 anos, atualmente, Diretora de escola na Rede Municipal de Paulínia/SP."

Ao mencionar suas credenciais acadêmicas e profissionais, Tânia Amaral estabelece sua autoridade e credibilidade no assunto, tornando suas opiniões e análises mais confiáveis para os leitores.

2. Pathos (Emoção):

 - Uso do Pathos:

 "Nunca imaginamos que viveríamos para ver pais com medo de mandar seus filhos para a escola, porque a escola, o lugar mais apropriado para receber nossas crianças, se tornou o lugar mais temido nos últimos dias."

Ao descrever o medo e o desespero dos pais e educadores, e ao pintar um quadro emocionalmente carregado das consequências das Fake News, o texto apela diretamente às emoções dos leitores, gerando empatia e um senso de urgência.

3. Logos (Lógica):

 - Uso do Logos:

"Mensagens apavorantes nas redes sociais e nos noticiários, algumas verdadeiras outras não, têm fomentado o pânico e desespero em pais e educadores, que se sentem perdidos e inseguros diante das tragédias anunciadas."

"A internet mostrou o grande poder das redes sociais para espalhar o medo, o terror, a incitação à violência, ao extremismo, à intolerância e ao ódio. Mas, acima de tudo, mostrou algo muito importante: o quanto estamos adoecidos, desumanos e insanos, porque as redes são apenas espelhos que refletem a imagem de quem está por trás de cada perfil, de cada postagem, de cada notícia e de cada comentário."

Através de observações racionais e análises lógicas sobre o impacto das redes sociais e das Fake News, o texto fornece uma base lógica que sustenta os argumentos emocionais e éticos, tornando a argumentação mais robusta e convincente.

Discussão sobre a Eficácia do Texto

Credibilidade (Ethos):
Ao destacar as credenciais e a experiência da autora, o texto imediatamente estabelece uma base de confiança, o que é crucial para que os leitores levem suas preocupações a sério. A menção específica de sua experiência e qualificações acadêmicas reforça que ela tem conhecimento e autoridade para falar sobre o tema.

Apelo Emocional (Pathos):

O uso de linguagem emocionalmente carregada e de cenários vívidos ajuda a envolver os leitores em um nível pessoal. Quando os leitores sentem a dor e o medo descritos, estão mais propensos a se preocupar e a tomar medidas. Esse apelo emocional é especialmente eficaz para captar a atenção do público e motivar uma resposta.

Argumentos Lógicos (Logos):

A inclusão de observações lógicas e fatos sobre o impacto das redes sociais e das Fake News ajuda a contextualizar o problema de maneira racional. Isso dá ao leitor uma compreensão clara e fundamentada dos motivos pelos quais a situação é alarmante e precisa de atenção. Ao combinar argumentos lógicos com apelos emocionais, o texto atinge um equilíbrio que torna sua mensagem mais persuasiva.

O texto de Tânia Amaral utiliza de maneira eficaz as três técnicas retóricas - ethos, pathos e logos - para criar um argumento convincente sobre a insegurança dentro das escolas devido aos ataques e atentados às crianças e professores e às Fake News sobre o tema que circulam na internet. A combinação dessas técnicas permite que o texto não só informe, mas também engaje emocionalmente e estabeleça a credibilidade necessária para persuadir os leitores e as autoridades a refletirem sobre o problema e agirem para solucioná-lo.

"Educação antirracista não deve se limitar a uma data comemorativa"

No mês de Novembro acontecem diversos eventos importantes, voltados à valorização da cultura afro nos meios de comunicação, redes sociais e também nas escolas. Essas iniciativas são muito louváveis, no entanto, falar de racismo estrutural e promover ações que valorizem as pessoas negras é algo imprescindível, que não pode apenas se limitar a uma data específica.

A implementação de uma cultura e educação antirracista nas escolas é tema relevante que deve ser tratado em ações cotidianas porque o racismo estrutural está embutido nos pequenos gestos ou atitudes, que passam despercebidas aos olhos desatentos, acostumados às arbitrariedades da sociedade. Precisamos combater essas arbitrariedades no ambiente escolar, ensinando as crianças que não podemos julgar o outro pela cor da pele, pelo estilo de cabelo, pela aparência, como se algum desses fatores pudesse definir o caráter de alguém.

Como educadores devemos transformar a escola num lugar seguro, onde predomina o respeito, a solidariedade e a valorização das diferenças. Estimular a reflexão sobre privilégio e discriminação, construindo redes solidárias para melhorar a vida de todos. E assim, podemos contribuir para a construção de um mundo melhor, livre de discriminações e injustiças, o que não vai acontecer se fecharmos os olhos para o racismo e negarmos que ele ainda é muito presente na sociedade.

Portanto, é essencial investir numa educação antirracista não apenas em novembro, mas em todo o tempo.

Tania é Mestre em Educação Especial pela Universidade Fernando Pessoa em Portugal; Doutoranda em formação de professores pela Universidad de Extremadura na Espanha e Diretora da Rede Municipal de Paulínia e Professora em redes públicas brasileiras há 28 anos. Tania é autora do livro Transição para a vida pós escolar de alunos com NEE em Limeira/SP - Possibilidades e desafios.

Resposta Esperada:
Técnicas Utilizadas no Texto: Ethos, Pathos e Logos

1. Ethos (Ética ou Credibilidade):
 - Uso do Ethos:

"Tania é Mestre em Educação Especial pela Universidade Fernando Pessoa em Portugal; Doutoranda em formação de professores pela Universidad de Extremadura na Espanha e Diretora da Rede Municipal de Paulínia e Professora em redes públicas brasileiras há 28 anos. Tania é autora do livro Transição para a vida pós escolar de alunos com NEE em Limeira/SP - Possibilidades e desafios." Ao mencionar suas credenciais acadêmicas e profissionais, Tania do Amaral estabelece sua autoridade e credibilidade no assunto, tornando suas opiniões e análises mais confiáveis para os leitores.

2. Pathos (Emoção):
 - Uso do Pathos:
"Precisamos combater essas arbitrariedades no ambiente escolar, ensinando as crianças que não podemos julgar o outro pela cor da pele, pelo estilo de cabelo, pela aparência, como se algum desses fatores pudesse definir o caráter de alguém."
"Como educadores devemos transformar a escola num lugar seguro, onde predomina o respeito, a solidariedade e a valorização das diferenças."
 Ao descrever a importância de um ambiente escolar seguro e acolhedor, e ao abordar o impacto negativo das discriminações cotidianas, o texto apela diretamente às emoções dos leitores, gerando empatia e um senso de urgência.

3. Logos (Lógica):

 - Uso do Logos:

"O racismo estrutural está embutido nos pequenos gestos ou atitudes, que passam despercebidas aos olhos desatentos, acostumados às arbitrariedades da sociedade."

"Portanto, é essencial investir numa educação antirracista não apenas em novembro, mas em todo o tempo."

Através de observações racionais e análises lógicas sobre o racismo estrutural e a necessidade de uma educação contínua, o texto fornece uma base lógica que sustenta os argumentos emocionais e éticos, tornando a argumentação mais robusta e convincente.

Discussão sobre a Eficácia do Texto

Credibilidade (Ethos):

Novamente a autora utiliza suas credenciais e a experiência, para que assim o texto estabeleça uma base de confiança imediata, o que é crucial para que os leitores levem suas preocupações a sério. A menção específica de sua experiência e qualificações acadêmicas reforça que ela tem conhecimento e autoridade para falar sobre o tema.

Apelo Emocional (Pathos):

O uso de linguagem emotiva carregada de fatos vividos na escola e na sociedade ajuda a envolver os leitores em um nível pessoal. Quando os leitores sentem a necessidade urgente de transformar a escola em um lugar seguro e respeitoso, estão mais propensos a se preocupar e a tomar medidas. Esse apelo emocional é especialmente eficaz para captar a atenção do público e motivar uma resposta.

Argumentos Lógicos (Logos):

A inclusão de observações lógicas e fatos sobre o racismo estrutural e a necessidade de educação contínua ajuda a contextualizar o problema de maneira racional. Isso dá ao leitor uma compreensão clara e fundamentada dos motivos pelos quais a educação antirracista é essencial. Ao combinar argumentos lógicos com apelos emocionais, o texto atinge um equilíbrio que torna sua mensagem mais persuasiva.

O texto de Tania do Amaral utiliza de maneira eficaz as três técnicas retóricas - ethos, pathos e logos - para criar um argumento convincente sobre a importância de uma educação antirracista contínua. A combinação dessas técnicas permite que o texto não só informe, mas também engaje emocionalmente e estabeleça a credibilidade necessária para persuadir os leitores a refletirem sobre o problema e convida os educadores a agirem para solucioná-lo.

Projeto Final:
- Como atividade final, escreva um artigo de opinião sobre um tema significativo. Tente aplicar todas as técnicas aprendidas durante o curso. Esses artigos podem ser compilados em uma revista digital, um blog ou submetido a um jornal local para avaliação.

Conclusão

Parabéns por concluir o curso "A arte da opinião: Escreva suas ideias com clareza"! Esperamos que esta jornada tenha sido enriquecedora e que você tenha adquirido as habilidades necessárias para escrever artigos de opinião impactantes e persuasivos.

Ao longo deste material, abordamos os aspectos essenciais da escrita de artigos de opinião, desde a compreensão das suas características e importância, até a estruturação e estilização dos textos. Exploramos técnicas de pesquisa e planejamento, discutimos a importância da revisão e do feedback, e analisamos estratégias eficazes de publicação e divulgação. Cada módulo foi projetado para fornecer a você as ferramentas e conhecimentos necessários para se tornar um escritor confiante e competente.

A prática contínua é fundamental. Continue a escrever regularmente, escolha temas que o inspirem e desafiem, e nunca pare de buscar maneiras de aprimorar suas habilidades. Lembre-se de que cada texto é uma oportunidade de aprender algo novo, seja sobre o tema, sobre o público ou sobre você mesmo como escritor.

Além disso, valorize o feedback e as críticas construtivas. A escrita é um processo de constante aperfeiçoamento, e estar aberto a sugestões e melhorias só fortalecerá sua capacidade de argumentação e persuasão.

Incentivamos você a compartilhar seus artigos com o mundo. Utilize as plataformas de publicação e divulgação discutidas neste guia para alcançar um público mais amplo. Engaje-se com seus leitores, participe de discussões e contribua para debates significativos na sociedade.

Por fim, lembre-se de que a escrita de opinião é uma poderosa ferramenta de expressão e influência. Use-a com responsabilidade e ética, respeitando as diferentes perspectivas e buscando sempre contribuir positivamente para a sociedade.

Agradecemos por participar deste curso e desejamos a você muito sucesso em sua jornada como escritor de artigos de opinião. Continue a escrever, a questionar e a influenciar o mundo ao seu redor.

- Ferramentas Online:

- Google Analytics para monitorar o tráfego do site.

- Hootsuite ou Buffer para gerenciar postagens em redes sociais.

- MailChimp para e-mail marketing.

- Blogs e sites de artigos de opinião renomados para inspiração.

- Ferramentas de colaboração online para revisão e feedback, como Google Docs ou plataformas de ensino.

- Grammarly e Hemingway Editor para revisão gramatical e de estilo.

- Google Scholar para encontrar artigos acadêmicos.

- Ferramentas de organização de ideias, como Trello ou MindMeister.

- Thesaurus para encontrar sinônimos e evitar repetição.

- Sites de jornais e revistas com seções dedicadas a artigos de opinião.

Referências bibliográficas e leituras recomendadas:

Lonardoni, Marinês & Cassiolato, Sonia Maria Martins. O gênero artigo de opinião no contexto escolar: teoria e prática de escrita. Ed. Mentes Abertas, 2020.

Sá, João Henrique Miranda. Artigos de Imprensa 2018. Campo Grande, 2019.

 Terra, Ernani. Leitura e escrita na era digital. Ed. Saraiva, São Paulo, 2019.